Sueños de
Media Isla (Eco)

Leonardo Castillo

*Investigación periodística sobre la Constitución
Dominicana del 2010 (versión económica)*

Leonardo Castillo

Contenido

Leonardo Castillo

1 Introducción

América tiene un gran sueño que reside en el corazón de cada morador del continente.

Es un sueño de justicia en el sentido más amplio de la palabra, y que tiene que ver con los Derechos Humanos, la convivencia pacífica, la elevación de la dignidad humana, los derechos económicos y las libertades públicas.

Esto se hace evidente en las manifestaciones artísticas, el cine, el periodismo, la literatura y ahora en las redes sociales.

En Facebook hay que ver las reacciones de indignación y rechazo ante cada abuso, cada violación, cada actuación incorrecta.

América está unida, se está entendiendo y ama profundamente la justicia y el respeto a los derechos.

En todo caso lo importante de todo esto es que la República Dominicana vivió a finales del año 2009 y comienzos del 2010 una formidable experiencia que se coronó con la promulgación de una nueva constitución que recoge ese sueño y lo expresa en la proclamación del Estado Dominicano como un Estado Social Democrático y de Derechos y la protección de los derechos humanos más allá de su declaración Universal.

El Capitulo II del texto fundamental, en el artículo 7 define a la República Dominicana, organizada en un Estado Social Democrático y de Derecho.

Y establece que se funda "en el respeto de la dignidad humana, los derechos fundamentales, el trabajo, la soberanía popular y la separación e independencia de los poderes públicos.

De igual modo, el artículo 8 de la Carta Magna, dispone que "es función esencial del Estado, la protección efectiva de los derechos de la persona, el respeto de su dignidad y la obtención de los medios que le permitan perfeccionarse de forma igualitaria, equitativa y progresiva, dentro de un marco de libertad individual y de justicia social, compatibles con el orden público, el bienestar general y los derechos de todos y todas".

Mientras laboraba como periodista en una institución del gobierno que se conocía como el Centro de Información Gubernamental, el licenciado Leonardo Castillo tuvo a su cargo la publicación de una serie de artículos relativos a las novedades incorporadas en Carta Magna dominicana del 2010.

Los artículos fueron publicados en un digital denominado **"Palante"** especializado en temas gubernamentales realizado por esa entidad oficial.

La desaparición del Centro de Información

Gubernamental en 1912 con la llegada del presidente Danilo Medina a encabezar la presidencia de la república, todos sus medios informativos creados por la institución fueron destruidos (en parte quizás porque ello abarcaba la desaparición de la documentación pública de la obra de gobierno del presidente anterior, el doctor Leonel Fernández).

El problema fue que de paso, fueron eliminado aquellos formidables e impresionantes artículos, relativos a las novedades incorporadas en la Constitución Dominicana del 2010.

Afortunadamente los mismos ahora son rescatados de los archivos personales de su autor y complementados con otras opiniones sobre Derechos Humanos, Derecho Constitucional y algunas ideas para ir reduciendo el divorcio entre el sueño plasmado en la constitución y la realidad que vive el pueblo.

Un pueblo extraordinario, maravilloso, talentoso, trabajador y de grandes valores, que vive una realidad triste de violaciones constantes a sus derechos fundamentales. (Igual como ocurre en amplios sectores de países hispanos parlantes)

Este no es un libro de denuncia. Tampoco es apologético pro gubernamental. Sino más bien es un documento realista que toma hechos específicos y parte de estos hechos para formular planteamientos que buscan que se haga realidad lo que aún hoy son sueños.

A sabiendas de que Sueños de Media Isla, no son solo los sueños de los dominicanos. En alguna medida son los sueños de la Raza Humana que ya está cansada de ser su propia víctima.

Estos artículos incluyen de manera prioritaria las novedades incorporadas a la Constitución Dominicana, pero no se limitan a estas novedades.

Aprovechando el escenario, agregamos un artículo que explica porqué la vía más rápida para el colapso de un Estado está decorada con la violación a los derechos de sus ciudadanos.

Otro artículo se refiere al error de los tiranos, porqué si el Haití de Jean-Claude Duvalier era más próspero y feliz que todos los Haiti que surgieron hasta la fecha, el dictador colapsó junto a su régimen. Los mismo que ocurrió con Rafael Leonidas Trujillo en República Dominicana y Sadam Husein en Irak.

Y finalmente, si Adolf Hitler era el malo y perdió la guerra. Y los que ganaron fueron los buenos, ¿porque el mundo sigue siendo un lugar injusto, lleno d pobreza e inequidad?.

Así pues que leamos estos artículos uno a la vez y finalmente cambiemos la protesta por una propuesta que busca convertir en realidad los sueños de media isla.

2   Prólogo

Desde que abrimos los ojos a la vida nos enfrentamos a la frustración de ver insatisfechas muchas de nuestras necesidades.

Muchos persiguen la prosperidad emigrando a naciones desarrolladas.

Pero lo que todos quisiéramos sería poder quedarnos en nuestra tierra y disfrutar de prosperidad y abundancia o por lo menos de poder satisfacer las necesidades básicas sin perder la esperanza de progresar y ser felices.

Ahora bien, esas naciones desarrolladas hacia donde emigran los que pierden la esperanza de prosperar en su propia tierra, existen porque sus ciudadanos las construyeron.

La pregunta que surge de inmediato, es si acaso ¿podríamos nosotros construir algo así con lo que tenemos?.

Y la otra pregunta es ¿qué es exactamente lo que tenemos?.

Si comparamos lo que tenemos, en e caso específico dominicano, con lo que tenían aquellos que construyeron cualquiera de esas naciones desarrolladas, saltan la la vista numerosas, y enormes ventajas a nuestro favor.

La naturaleza, el clima, los paisajes, los recursos naturales y el capital humano con que contamos los dominicanos, sin dudas nos dan grandes ventajas.

Aquellas naciones desarrollada fueron construidas en un espacio físico hostil, con un clima que se congela en ciertas épocas del año, o se sobre calienta en otras época. Sus terrenos, en muchos casos, no son tan fértiles y la ocurrencia de tornados, terremotos y otros fenómenos hacen muy hostil el ambiente.

En cuanto a los recursos humanos, los dominicanos exhiben campeones en todas las áreas.

En el arte y la música se menciona a Michael Camilo, Juan Luís Guerra, Los Vargas, Ventura, Fernando Villalona y muchos otros de renombre internacional, los cuales hacen pensar que no es casualidad.

En los deportes se destacan Sami Sosa, Alex Rodríguez, Marcos Días (Nadador) y muchos otros en distintas áreas, pero hemos tenido reinas de belleza como Amelia Vega. En el cine se destacan desde María Montez, Soez Saldaña y Michel Rodríguez hasta las nuevas figuras del cine local.

Hasta en la antropología a escala mundial los dominicanos se destacan con la hazaña de la La abogada y antropóloga dKathleen Martínez en Egipto tras la búsqueda de Cleopatra.

Hemos descollado en la política con nombres muy sonoros a escala mundial como Leonel Fernández, José Francisco Peña Gómez, Danilo Medina, Rafael Leonidas Trujillo, Manolo Tavares Justo, Francisco Alberto Caamaño y muchos otros.

Médicos, escritores, educadores e industriales, los dominicanos son una marca probada.

Viendo estos hechos infalibles, en verdad, no hay razón para perder la esperanza de que lograremos construir la nación que soñamos.

Una nación donde la gente no tenga que emigrar a buscar el progreso en otras tierras.

Donde los jóvenes encuentren el empleo de calidad que eleve su dignidad humana y puedan llevar a cabo sus estudios de la forma en que lo han soñado.

De acuerdo a todo lo planteado, nos resta poner de relieve varias verdades, quizás relativas, pero verdades demostrables. Una es que los dominicanos tenemos todo lo necesario para construir la gran nación que soñamos.

Otra verdad es que ciertamente hemos estado trabajando en ese tema desde hace años, y avanzamos poco a poco. Un mejor país se construye día a día. Con cada escuela, cada hospital, cada carretera.

También es cierto que es un proceso

inconcluso que nos plantea grande retos hacia la consolidación de esos sueños que pueblan completamente la media isla que somos.

Pero de todas la verdades, la más importante , al menos para los fines de este libro, es que si bien es cierto que lo primero que tiene que tener una nación para desarrollarse es un buen plan. Una definición de sus aspiraciones y sueños. Una idea clara, plasmada y al alcance de todos sobre la ruta a seguir y la meta que queremos alcanzar.

Todo está perfectamente recogido en ese documento fundamental que define el tipo de nación que quieren los dominicanos.

Un Estado social, democrático y de derechos.

Pero lo que veremos en los capítulos por venir, no se limita al interés de la República Dominicana, sino que al tratarse de un tema tan global como los Derechos Humanos, sin dudas lo que ha logrado esta nación con su promulgada constitución servirán de ejemplo a naciones hermanas que comparten con nosotros los mismos sueños.

Disfrutemos pues, capítulo a capitulo, lo que hemos titulado como SUEÑOS DE MEDIA ISLA.

3   Nota Previa.

para que no seamos pesimistas.

Sobre los Derechos Humanos y su constante violación en todo el planeta

El hecho de que un derecho, independientemente de su importancia, figure consagrado y protegido en la constitución y las leyes, no necesariamente indica que su protección se haga ciento por ciento efectiva de hecho, sino todo lo contrario.

La necesidad de reguardar los derechos más fundamentales nace de las violaciones constantes y las amenazas que asechan esos derechos en el seno de la sociedad.

Por lo tanto, es lógico y muy común la desagradable experiencia de derechos consagrados legal e incluso constitucionalmente, violados de forma descarada por las mismas autoridades que están llamadas a protegerlos.

La vida real parece darle la razón, en alguna medida, a los que se refieren a determinados textos constitucionales como simples letras muertas.

Sin embargo convertir los derechos consagrados en la Constitución y las leyes en derechos de hecho protegidos por las instituciones y disfrutados plenamente por los ciudadanos, corresponde a todos.

La búsqueda de la justicia y el establecimiento de un verdadero estado de derechos en la sociedad, debe fortalecerse aún más cuando exista un derecho amenazado, o peor aun violado salvajemente por los canallas que siempre existen dentro de todas las sociedades del mundo.

"Sueños de Media Isla" describe en los capítulos que lo componen, cómo la Constitución promulgada por el 26 de enero del año 2010 en la República Dominicana consagra y protege los derechos fundamentales tradicionales y vanguardistas, y como crea nuevas instituciones y mecanismos en procura de la vigencia de hecho de esos derechos.

Leonardo Castillo

Pero al mismo tiempo invita a procurar el disfrute pleno de esos derechos por parte de los ciudadanos a través de un proceso que se inicia con la socialización de los mismos.

La Aceptación de su bondad para nuestra sociedad y la Asunción de su defensa como una tarea personal que nos corresponde a todos y cada uno de los integrantes de la sociedad.

Aplicable no solo al caso de la República Dominicana, sino a todas las naciones civilizadas del planeta.

Leonardo Castillo

4   Capítulo Uno, El preámbulo

Una propuesta del Presidente Fernández, nueva Constitución tiene preámbulo

Santo Domingo,-. El presidente Leonel Fernández incluyó entre los motivos para reformar la constitución dominicana el hecho, quizás vergonzoso, de que la hasta entonces vigente carecía de algo que la mayoría, por no decir la totalidad de las constituciones del mundo tienen: un preámbulo.

En aquel discurso el mandatario puso como ejemplo la Constitución de los Estados Unidos, la cual en su preámbulo define claramente la naturaleza y objetivos de la misma.

El preámbulo de la constitución de los Estados Unidos consta apenas de unas pocas líneas: "NOSOTROS, el Pueblo de los Estados Unidos, a fin de formar una Unión más perfecta, establecer Justicia, afirmar la tranquilidad interior, proveer la Defensa común, promover el bienestar general y asegurar para nosotros mismos y para nuestros descendientes los beneficios de la Libertad, estatuimos y sancionamos esta CONSTITUCIÓN para los Estados Unidos de América".

Pero la constitución dominicana por años se mantuvo carente de preámbulo.

Esta pendiente el establecer en que momento la constitución dominicana perdió su preámbulo, pero lo cierto es que la primera constitución tuvo uno, el cual señalaba que los propósitos de los dominicanos en darse una Constitución eran: Consolidar su independencia política, forjar las bases fundamentales de su gobierno y afianzar los imprescriptibles derechos de seguridad, propiedad, libertad e igualdad.

Según un estudio publicado en el portal digital monografias.com, poco antes los dominicanos conocían las dos constituciones haitianas que habían regido durante el periodo de unificación: la de 1816 y la reciente de 1843. Conocían también la Constitución española promulgada en Cádiz en

1812, que les había sido aplicada en dos ocasiones durante el último periodo colonial español.

Por eso parece probable que conocían también las leyes constitucionales francesas de 1799 y 1804, pues algunos términos del texto dominicano provienen de ellas.

Por otro lado la Constitución de los Estados Unidos había sido conocida por los redactores del Manifiesto del 16 de enero por lo que parece razonable suponer que era también conocida entre muchos dominicanos.

Lo cierto es que la Constitución Dominicana fue modificada muchas veces a lo largo de su historia. Las sucesivas reformas se realizaron en 1854, 1858, 1865, 1866, 1868, 1872, 1874, 1875, 1877, 1878, 1879, 1880, 1881, 1887, 1896, 1907, 1908, 1924, 1927, 1929, (dos veces en el mismo año), 1934, 1942, 1947, 1955, 1959, 1960 (dos veces en el mismo año), 1961, 1962, 1963, 1966 y 1994. En el año 1916, hubo un proyecto de reforma que se publicó en forma de folleto, pero que no llegó a ser aprobado.

En total, la Constitución dominicana fue objeto de treinta y tres reformas desde el año 1844. En algún momento de esta historia de reformas y contrarreformas sucumbió el preámbulo de la carta magna de la República Dominicana, convirtiéndose por años en una de las pocas, por no decir la única, afectada por semejante carencia.

Finamente el país se propuso poner fin a esta desafortunada circunstancia y la nueva constitución incluye en su preámbulo un claro sentimiento nacionalista y espíritu de progreso, el cual reza de la siguiente manera:

"PREÁMBULO Nosotros, representantes del pueblo dominicano, libre y democráticamente elegidos, reunidos en Asamblea Nacional Revisora; invocando el nombre de Dios; guiados por el ideario de nuestros Padres de la Patria, Juan Pablo Duarte, Matías Ramón Mella y Francisco del Rosario Sánchez, y de los próceres de la Restauración de establecer una República libre, independiente, soberana y democrática; inspirados en los ejemplos de luchas y sacrificios de nuestros héroes y heroínas inmortales; estimulados por el trabajo abnegado de nuestros hombres y mujeres; regidos por los valores supremos y los principios fundamentales de la dignidad humana, la libertad, la igualdad, el imperio de la ley, la justicia, la solidaridad, la convivencia fraterna, el bienestar social, el equilibrio ecológico, el progreso y la paz, factores esenciales para la cohesión social; declaramos nuestra voluntad de promover la unidad de la Nación dominicana, por lo que en ejercicio de nuestra libre determinación adoptamos y proclamamos la siguiente (CONSTITUCION)".

5   Capitulo dos, la iniciativa popular

La "Iniciativa legislativa popular" coloca el país a la altura de las naciones avanzadas en materia constitucional

Santo Domingo.- La "Iniciativa Legislativa Popular", un tema que aún no logra aplicarse plenamente en Europa y es objeto de debates y polémica en el "Viejo Mundo", ya está consagrado en la Constitución de la República Dominicana y sirve de referencia para establecer cuan avanzada es la Carta Magna promulgada en Santo Domingo el pasado 26 de enero.

En el país aún hará falta una ley especial que establecerá el procedimiento y las restricciones para el ejercicio de esta iniciativa.

Sin embargo, se trata de una prerrogativa que indica que la nueva ley de leyes coloca a la República Dominicana a la altura de las naciones más avanzadas del mundo en materia constitucional.

El Artículo 97 de la nueva Constitución dice lo siguiente: "Iniciativa legislativa popular. Se establece la iniciativa legislativa popular mediante la cual un número de ciudadanos y ciudadanas no menor del dos por ciento (2%) de los inscritos en el registro de electores, podrá presentar proyectos de ley ante el Congreso Nacional. Una ley especial establecerá el procedimiento y las restricciones para el ejercicio de esta iniciativa.

Las leyes introducidas al congreso acogiéndose al articulo 97 seguirán luego el curso acostumbrado de acuerdo a lo establecido en el articulo 98 que reza de la siguiente manera: "Artículo 98.- Discusiones legislativas.

Todo proyecto de ley admitido en una de las cámaras se someterá a dos discusiones distintas, con un intervalo de un día por lo menos entre una y otra discusión. En caso de que fuere declarado previamente de urgencia deberá ser discutido en dos sesiones consecutivas".

Los expertos internacionales que debaten el tema en distintos puntos del mundo no han logrado ponerse de acuerdo en cuanto a la posibilidad real de que exista la manera de legislar a instancias del pueblo, ya que después de sometido el proyecto la aprobación depende de los legisladores; pero lo que nadie duda es que se trata de una aspiración anhelada por las democracias del mundo.

De hecho en Europa los debates se vienen desarrollando al más alto nivel, y de acuerdo a notas divulgadas por la prensa internacional todo ello obedece al interés de hacer funcionar tan trascendental iniciativa.

El cable de referencia relata los momentos previos a los debates mas encendidos registrados sobre el tema, indicándolo del siguiente modo: "la Unión Europea comenzará a debatir cómo poner en marcha la iniciativa legislativa popular que prevé el Tratado de Lisboa y que permitirá que un grupo de al menos un millón de ciudadanos, nacionales de varios Estados miembros, pueda sugerir a la Comisión Europea que presente una propuesta en las políticas competencia de la Unión."

Los ministros y secretarios de Estado encargados de los asuntos europeos se darán cita en La Granja de San Ildefonso (Segovia) en la primera reunión ministerial--aunque de carácter informal-- de la presidencia española de turno de la UE, en la que también comenzarán a intercambiar opiniones sobre la nueva estrategia para el crecimiento económico y la creación de empleo que deberá aprobarse en junio, han informado fuentes diplomáticas españolas.

Los representantes de los Veintisiete, que este martes celebrarán una cena en el Parador de La Granja, dedicarán la jornada de mañana a debatir sobre el reglamento que desarrollará la iniciativa popular legislativa así como sobre otros aspectos que ha traído la entrada en vigor del Tratado de Lisboa, como el futuro Servicio de Acción Exterior de la UE.

La presidencia española de la UE, que quiere poner en marcha la iniciativa popular "cuanto antes", señalan las fuentes, presentará al resto de socios una propuesta elaborada junto con la Comisión Europea para que sirva de base para el debate.

En ella se detallan aspectos técnicos que debería incluir el reglamento, como el plazo para la presentación de las firmas o el número mínimo de Estados a los que tienen que pertenecer los firmantes (la Comisión apuesta por nueve, mientras que el Parlamento Europeo se inclina más por siete), entre otras cuestiones".

Vistos estos párrafos, queda claro que la nueva constitución de la República Dominicana establece la iniciativa legislativa popular de un modo superior a como se hace en la Unión Europea.

6   Capitulo tres, la clausula de conciencia

Iniciativa del Presidente Fernández, la Cláusula de Conciencia y el Secreto Profesional consagrados en la nueva Constitución Dominicana

Santo Domingo-. La recién promulgada Constitución de la República Dominicana trae muchas novedades, pero una de las más impactantes, al menos para los periodistas dominicanos, es la que consagra la Cláusula de Conciencia y el Secreto Profesional.

El articulo 49 de la nueva Constitución se refiere a la libertad de expresión e información, en su literal tres plantea que: "El secreto profesional y la cláusula de conciencia del periodista están protegidos por la Constitución y la ley".

De este modo queda consagrada en la Constitución Dominicana la cláusula de conciencia y el secreto profesional. Pero... que es exactamente lo que esto significa para los periodistas y para la población a la cual le sirve el ejercicio del periodismo?

Al parecer se trata de un tema muy debatido especialmente en Europa, y particularmente en el país desde hace algunas décadas. De hecho, una de las mejores definiciones aparece en el texto del estatuto del periodista de La Asociación de la Prensa de Valladolid (APV).

Este texto describe la cláusula de conciencia de la siguiente manera: "En virtud de la cláusula de conciencia los profesionales de la información tienen derecho a solicitar la rescisión de su relación jurídica con la empresa de comunicación en que trabajen. La resolución de la relación laboral en los supuestos de cláusula de conciencia será considerada a todos los efectos como despido improcedente.

La interposición de la demanda correspondiente ante los órganos jurisdiccionales competentes no deparará al periodista perjuicio alguno, sin que pueda ser trasladado o modificadas sus condiciones laborales en tanto dure el procedimiento."

Entonces en lo que respecta a la cláusula de conciencia, a partir de la promulgación de la nueva constitución de la República Dominicana un periodista no puede ser obligado a coincidir con posiciones ideológicas no compartidas, y puede obtener la conclusión de su relación de trabajo sin perder sus prestaciones laborales.

En lo que respecta al secreto profesional, el texto del estatuto del periodista de La Asociación de la Prensa de Valladolid (APV) contiene la siguiente información: "Los periodistas están obligados a mantener en secreto la identidad de las fuentes que hayan facilitado informaciones bajo condición, expresa o tácita, de reserva.

Este deber le obliga frente a su empresario y las autoridades públicas, incluidas las judiciales y no podrá ser sancionado por ello ni deparársele ningún tipo de perjuicio.

El periodista citado a declarar en un procedimiento judicial podrá invocar su derecho al secreto profesional y negarse, en consecuencia, a identificar a sus fuentes. El derecho al secreto alcanza las notas, documentos profesionales o soportes que pudieran manifestar la identidad de la fuente, documentos que no podrán ser aprehendidos policial ni judicialmente.

El deber del secreto afecta igualmente a cualquier otro periodista o responsable editorial que hubiera podido conocer indirectamente la identidad de la fuente reservada.

El periodista citado a declarar en una causa criminal podrá excusar las respuestas que pudieran revelar la identidad de la fuente reservada." Pero los periodistas europeos van mas allá, en Valladolid el secreto profesional no puede ser vulnerado y el periodista que lo revele puede ser castigado.

"Los periodistas y responsables editoriales que falten al secreto profesional serán castigados como autores del delito previsto Código Penal.

El periodista estará obligado a revelar la identidad de la fuente cuando de este modo se pueda evitar la comisión cierta de un delito contra la vida, la integridad, la salud, la libertad o la libertad sexual de las personas. Quien en estos supuestos no revele la fuente reservada será castigado con las penas previstas en el Código Penal.

Luego de ver estos criterios, podemos tener una idea mas clara del significado del literal tres del articulo 49 de la nueva constitución de la República Dominicana: "El secreto profesional y la cláusula de conciencia del periodista están Protegidos por la Constitución y la ley;".

Pero en verdad se trata de una vieja aspiración de amplios sectores del periodismo dominicano y al mismo tiempo se trata de un tema conflictivo que ha encontrado oposición, curiosamente, en sectores del periodismo.

La revelación la hace el ex presidente del Colegio Dominicano de Periodistas José Tejada Gómez quien relata con amplios detalles este aspecto de la historia del periodismo dominicano.

Dice el comunicador que "desde el Colegio Dominicano de Periodistas (CDP) se levantaron compañeros opuestos a que esas prerrogativas se incluyeran en el proyecto de ley que modificaría la Ley 6132 Sobre Libre Expresión y Difusión del Pensamiento que presentamos finalizando la administración 1996-2000 del presidente Leonel Fernández".

Relata el comunicador que el presidente Fernández en ese entonces tomó la iniciativa de designar por decreto una comisión que presidía el doctor Rafael Molina Morillo. "Me correspondía estar en ese organismo en mi condición de presidente del CDP".

Explica en su columna en un periódico digital que "Tras largas jornadas de discusiones, llegamos a conclusiones interesantes, entre ellas la de incluir la Cláusula de Conciencia y el Secreto Profesional, entre otras transformaciones novedosas que hubiesen sido de utilidad para en el ejercicio del periodismo de haberse aprobado".

"Los opositores a esa iniciativa alegaban que esos eran asuntos de la ley que regula el ejercicio profesional y no el que estaba en discusión. Aspiraban presentar un proyecto que modificara la Ley 10-48 que creo el CDP, prisa que yo no compartía y aun no comparto.

Sobre esos asuntos debatimos en el seno del CDP, pero en el 2000 Fernández abandonó el poder y no se sabe porque no envió al Congreso Nacional el proyecto que le fuera presentado por los comisionados.

Luego, el doctor Molina Morillo gestionó que el presidente Hipólito Mejía lo enviara al Congreso Nacional. Sé que el entonces senador José Antonio Najri puso especial interés en la pieza, incluso logramos consensuar una definición de lo que es un Periodista, la cual era muy superior a la que contiene la ley 10-48 que crea el CDP, iniciativa ésta que también era objetada por un sector de los periodistas afiliados al gremio.

Para ese entonces yo dejaba la presidencia del CDP y me sustituían compañeros que eran rabiosamente opuestos al proyecto de ley en cuestión. Tengo entendido que insinuaron que no actué a nombre del gremio sino a título personal, pero ese rumor me importó poco, pues sabía como sé ahora que tengo diferencias sustanciales sobre estos y otros temas y acerca de cómo debe conducirse el gremio de los periodistas.

"Recuerdo que posteriormente vino una misión de la Sociedad Interamericana de Prensa (SIP) al país y visitó el Senado de la República para expresar su desacuerdo con el proyecto de ley, precisamente entre sus objeciones estaba el relativo a la Cláusula de Conciencia. La dirigencia del CDP de entonces hizo lo mismo, aunque incluía otras motivaciones" declara el ex presidente del CDP.

Señala asimismo el comunicador que "Recientemente leí un nuevo ante proyecto de ley que recoge la mayoría de las posiciones discutidas en aquella comisión en la que participé y que integraban un grupo de connotados juristas y periodistas del país, y que con mucha seriedad abordaron los temas en discusión".

Ahora el presidente Leonel Fernández ha hecho suya la iniciativa de no sólo que la Cláusula de Conciencia y el Secreto Profesional aparezcan en una ley, sino en la Carta Magna de la Nación promulgada el pasado 26 de enero de este año 2010.

Leonardo Castillo

---

7   Capitulo cuatro, el régimen económico

Nueva Constitución Define Régimen Económico Dominicano

La Nueva Constitución dominicana protege el libre mercado y la libertad de empresa sin desmedro del papel e intervención del Estado en la economía.

Santo Domingo.- La nueva Constitución dominicana fue promulgada en un momento histórico caracterizado por una profunda crisis económica global que afectó incluso a las grandes economías del mundo, convirtiéndose la República Dominicana en una de las raras excepciones de país pequeño económicamente estable y creciente.

Mientras la mayoría de las economías del mundo descrecían, incluso las grandes potencias, la dominicana crecía, aún fuera en menor proporción a lo deseado, e indicadores como la tasa de inflación y la tasa de cambio de divisas como el dólar y el euro, mostraban niveles de estabilidad para muchos sorprendentes.

Por esta razón la autoridad moral del gobierno proponente de la reforma constitucional, encontró poco debate u objeción a su propuesta en lo relativo al mercado y el manejo de las finanzas nacionales.

De todos modos, según versiones periodísticas consultadas, la idea inicial del presidente Leonel Fernández de calificar el régimen económico del país como "economía social de mercado", no fue acogida con esta frase especifica, aunque si en lo concerniente a lo que esencialmente esto significa.

El texto constitucional aprobado plantea el fomento de la iniciativa económica privada, pero establece que el Estado puede ejercer la actividad empresarial. Entre los derechos económicos y sociales se "reconoce y garantiza la libertad de empresas", se prohíben los monopolios (con excepción de los estatales) y se otorga al Estado la potestad de dictar medidas para regular la economía y promover planes de competitividad.

También dice que el Estado garantiza el derecho a la propiedad, a la que atribuye una función social "que implica obligaciones".

Al igual que en la Constitución anterior, la nueva, declara como de "interés social la dedicación de la tierra a fines útiles y la eliminación gradual del latifundio". Reconoce el derecho a huelga y la libertad sindical.

El Estado reconoce el trabajo del hogar (Esto es novedoso) "como actividad económica que crea valor agregado y produce bienestar", lo que implica que será incluido en la formulación y ejecución de políticas públicas. Asimismo declara como de "alto interés nacional" la erradicación del trabajo infantil.

Pero... ¿de donde vienen estos criterios?: En un articulo publicado por el semanario Calve Digital a finales del 2008 se indica que "como economía social de mercado se denominan los modelos que se comenzaron a aplicar en Europa occidental, en especial en Alemania, a partir del inicio de la Guerra Fría" con la coexistencia del libre mercado y la intervención del Estado en la economía con el propósito de garantizar la competitividad y transparencia de esos mercados junto a la redistribución de la riquezas a través de una agresiva política de protección social.

Entonces el orden económico dominicano definido a partir la nueva carta magna incluye una

Leonardo Castillo

orientación hacia la "búsqueda del desarrollo humano vinculando el crecimiento económico con la redistribución de la riqueza.

La nueva Constitución plantea que el Estado fomenta la iniciativa económica privada pero se reserva la potestad de intervenir en la economía cuando los particulares no pueden llevar a cabo las acciones necesarias para el bien común, lo cual se le denomina "principio de subsidiaridad".

El régimen económico definido por la nueva constitución dominicana exhibe sus detalles debajo del **capitulo primero** y la primera sección describe los principios rectores con seis artículos que van del 217 al 222, para continuar de inmediato con la segunda sección sobre el régimen monetario y financiero que incluye diez artículos que van del 223 al 232.

Así pues nos encontramos con que el artículo 217 sobre la "Orientación y fundamento" indica que: "el régimen económico, se orienta hacia la búsqueda del desarrollo humano. Se fundamenta en el crecimiento económico, la redistribución de la riqueza, la justicia social, la equidad, la cohesión social y territorial y la sostenibilidad ambiental, en un marco de libre competencia, igualdad de oportunidades, responsabilidad social, participación y solidaridad".

En tanto que el artículo 218 sobre el "crecimiento sostenible" indica que la iniciativa privada es libre". "El Estado procurará, junto al sector privado, un crecimiento equilibrado y sostenido de la economía, con estabilidad de precios, tendente al pleno empleo y al incremento del bienestar social, mediante utilización racional de los recursos disponibles, la formación permanente de los recursos humanos y el desarrollo científico y tecnológico".

De inmediato el artículo 219 sobre la iniciativa privada dice que "el Estado fomenta la iniciativa económica privada, creando las políticas necesarias para promover el desarrollo del país. Bajo el principio de subsidiaridad el Estado, por cuenta propia o en asociación con el sector privado y solidario, puede ejercer la actividad empresarial con el fin de asegurar el acceso de la población a bienes y servicios básicos y promover la economía nacional".

Este articulo incluye un párrafo en el cual se indica que: "cuando el Estado enajene su participación en una empresa, podrá tomar las medidas conducentes a democratizar la titularidad de sus acciones y ofrecerá a sus trabajadores, a las organizaciones solidarias y de trabajadores, condiciones especiales para acceder a dicha propiedad accionaria. La ley reglamentará la materia".

Leonardo Castillo
Sobre los Contratos

Según el artículo 220 relativo a la sujeción al ordenamiento jurídico, "en todo contrato del Estado y de las personas de Derecho Público con personas físicas o jurídicas extranjeras domiciliadas en el país, debe constar el sometimiento de éstas a las leyes y órganos jurisdiccionales de la República.

Sin embargo, el Estado y las demás personas de Derecho Público pueden someter las controversias derivadas de la relación contractual a jurisdicciones constituidas en virtud de tratados internacionales vigentes. Pueden también someterlas a arbitraje nacional e internacional, de conformidad con la ley".

Igualdad de tratamiento

El artículo 221 dice que "la actividad empresarial, pública o privada, recibe el mismo trato legal. Se garantiza igualdad de condiciones a la inversión nacional y extranjera, con las limitaciones establecidas en esta Constitución y las leyes. La ley podrá conceder tratamientos especiales a las inversiones que se localicen en zonas de menor grado de desarrollo o en actividades de interés nacional, en particular las ubicadas en las provincias fronterizas.

Promoción de iniciativas económicas populares

Según el artículo 222 "el Estado reconoce el aporte de las iniciativas económicas populares al desarrollo del país; fomenta las condiciones de integración del sector informal en la economía nacional; incentiva y protege el desarrollo de la micro, pequeña y mediana empresa, las cooperativas, las empresas familiares y otras formas de asociación comunitaria para el trabajo, la producción, el ahorro y el consumo, que generen condiciones que les permitan acceder a financiamiento, asistencia técnica y capacitación oportunos.

SECCIÓN II DEL RÉGIMEN MONETARIO Y FINANCIERO

El artículo 223 sobre la regulación del sistema monetario y financiero indica que "la regulación del sistema monetario y financiero de la Nación corresponde a la Junta Monetaria como órgano superior del Banco Central, entidad integrada según el artículo 224 por no más de nueve miembros incluyendo el Gobernador del Banco Central, quien la preside, y los miembros ex oficio, cuyo número no será mayor de tres.

El artículo 225 define el Banco Central. El Banco Central de la República como "una entidad de Derecho Público con personalidad jurídica, patrimonio propio y autonomía funcional, presupuestaria y administrativa.

Leonardo Castillo
Designación de autoridades monetarias

El Artículo 226 establece que el Gobernador del Banco Central y los miembros de designación directa de la Junta Monetaria serán nombrados por el Poder Ejecutivo, de conformidad con la ley. Durante el tiempo de su designación sólo podrán ser removidos por las causales previstas en la misma.

Mientras el artículo 227 sobre la Dirección de las políticas monetarias indica que "La Junta Monetaria, representada por el Gobernador del Banco Central, tendrá a su cargo la dirección y adecuada aplicación de las políticas monetarias, cambiarias y financieras de la Nación y la coordinación de los entes reguladores del sistema y del mercado financiero".

Emisión de billetes y monedas

De acuerdo al artículo 228 el Banco Central, cuyo capital es propiedad del Estado, es el único emisor de los billetes y monedas de circulación nacional y tiene por objeto velar por la estabilidad de precios.

De inmediato el artículo 229 sobre unidad monetaria nacional dice que "la unidad monetaria nacional es el Peso Dominicano y el artículo 230 sobre la fuerza legal y liberatoria de la unidad monetaria, señala que sólo tendrán circulación legal y fuerza liberatoria los billetes emitidos y las monedas acuñadas por el Banco Central, bajo la garantía ilimitada del Estado y en las proporciones y condiciones que señale la ley.

En ese sentido el artículo 231sobre la prohibición de emisión de signos monetarios dice que "queda prohibida la emisión de papel moneda u otro signo monetario no autorizado por esta Constitución".

Y finalmente el artículo 232 sobre modificación del régimen de la moneda o de la banca indica que "por excepción a lo dispuesto en el artículo 112 de esta Constitución, la modificación del régimen legal de la moneda o de la banca, requerirá el apoyo de las dos terceras partes de la totalidad de los miembros de una y otra cámara legislativa, a menos que haya sido iniciada por el Poder Ejecutivo, a propuesta de la Junta Monetaria o con el voto favorable de ésta, en cuyo caso se regirá por las disposiciones relativas a las leyes orgánicas".

LOS DERECHOS ECONÓMICOS Y SOCIALES

Quedaría coja la exposición de este tema si dejáramos de lado lo relativo a los derechos económicos consagrados a partir del articulo 50 hasta el 63 y aunque algunos derechos muy importantes bajo este titulo parece por momento apartarse al tema económico, conservamos el orden natural en que aparenten estos temas en el textos constitucional para facilitar su comprensión.

Los derechos económicos y sociales están establecidos bajo la sección segunda y abarcan los artículos del 50 al 63 describiendo desde la libertad de empresa hasta el derecho a la educación.

De hecho el artículo 50 sobre la libertad de empresa dice que "el Estado reconoce y garantiza la libre empresa, comercio e industria. Todas las personas tienen derecho a dedicarse libremente a la actividad económica de su preferencia, sin más limitaciones que las prescritas en esta Constitución y las que establezcan las leyes".

En su primer numeral, el artículo 50 dice que "no se permitirán monopolios, salvo en provecho del Estado. La creación y organización de esos monopolios se hará por ley. El Estado favorece y vela por la competencia libre y leal y adoptará las medidas que fueren necesarias para evitar los efectos nocivos y restrictivos del monopolio y del abuso de posición dominante, estableciendo por ley excepciones para los casos de la seguridad nacional".

En tanto el numeral 2 dice que el Estado podrá dictar medidas para regular la economía y promover planes nacionales de competitividad e impulsar el desarrollo integral del país; y finalmente el numeral 3 dice que "el Estado puede otorgar concesiones por el tiempo y la forma que determine la ley, cuando se trate de explotación de recursos naturales o de la prestación de servicios públicos, asegurando siempre la existencia de contraprestaciones o contrapartidas adecuadas al interés público y al equilibrio medioambiental".

El artículo 51 se refiere al derecho de propiedad indicando que "el Estado reconoce y garantiza el derecho de propiedad. La propiedad tiene una función social que implica obligaciones. Toda persona tiene derecho al goce, disfrute y disposición de sus bienes".

El artículo 51 tiene seis numerales el primero de los cuales indica que "ninguna persona puede ser privada de su propiedad, sino por causa justificada de utilidad pública o de interés social, previo pago de su justo valor, determinado por acuerdo entre las partes o sentencia de tribunal competente, de conformidad con lo establecido en la ley. En caso de declaratoria de Estado de Emergencia o de Defensa, la indemnización podrá no ser previa.

El segundo numeral del artículo 51 dice que "el Estado promoverá, de acuerdo con la ley, el acceso a la propiedad, en especial a la propiedad inmobiliaria titulada" y el numeral 3 indica que "se declara de interés social la dedicación de la tierra a fines útiles y la eliminación gradual del latifundio".

43

"Es un objetivo principal de la política social del Estado, promover la reforma agraria y la integración de forma efectiva de la población campesina al proceso de desarrollo nacional, mediante el estímulo y la cooperación para la renovación de sus métodos de producción agrícola y su capacitación tecnológica".

Los otros tres numerales son el 4 que dice que no habrá confiscación por razones políticas de los bienes de las personas físicas o jurídicas, el cinco que dice que "sólo podrán ser objeto de confiscación o decomiso, mediante sentencia definitiva, los bienes de personas físicas o jurídicas, nacionales o extranjeras, que tengan su origen en actos ilícitos cometidos contra el patrimonio público, así como los utilizados o provenientes de actividades de tráfico ilícito de estupefacientes y sustancias psicotrópicas o relativas a la delincuencia transnacional organizada y de toda infracción prevista en las leyes penales".

Y finalmente el numeral 6 que dice que "la ley establecerá el régimen de administración y disposición de bienes incautados y abandonados en los procesos penales y en los juicios de extinción de dominio, previstos en el ordenamiento jurídico.

Derecho a la propiedad intelectual

Ahora podemos pasar al artículo 52 donde se indica que se reconoce y protege el derecho de la propiedad exclusiva de las obras científicas, literarias, artísticas, invenciones e innovaciones, denominaciones, marcas, signos distintivos y demás producciones del intelecto humano por el tiempo, en la forma y con las limitaciones que establezca la ley.

Derechos del consumidor

El Artículo 53 de la nueva constitución dominicana es el que indica que "toda persona tiene derecho a disponer de bienes y servicios de calidad, a una información objetiva, veraz y oportuna sobre el contenido y las características de los productos y servicios que use o consuma, bajo las previsiones y normas establecidas por la ley. Las personas que resulten lesionadas o perjudicadas por bienes y servicios de mala calidad, tienen derecho a ser compensadas o indemnizadas conforme a la ley".

La seguridad alimentaria esta establecida en el articulo 54 donde se indica que "el Estado promoverá la investigación y la transferencia de tecnología para la producción de alimentos y materias primas de origen agropecuarios, con el propósito de incrementar la productividad y garantizar la seguridad alimentaria".

Derechos de la familia

Los derechos de la familia están establecidos en el artículo 55 y sus 13 numerales, indicando que "la familia es el fundamento de la sociedad y el espacio básico para el desarrollo integral de las personas. Se constituye por vínculos naturales o jurídicos, por la decisión libre de un hombre y una mujer de contraer matrimonio o por la voluntad responsable de conformarla".

"Toda persona tiene derecho a constituir una familia, en cuya formación y desarrollo la mujer y el hombre gozan de iguales derechos y deberes y se deben comprensión mutua y respeto recíproco. El Estado garantizará la protección de la familia. El bien de familia es inalienable e inembargable, de conformidad con la ley".

El tercer numeral del articulo 55 sobre los derechos de la familia dice que "el Estado promoverá y protegerá la organización de la familia sobre la base de la institución del matrimonio entre un hombre y una mujer. La ley establecerá los requisitos para contraerlo, las formalidades para su celebración, sus efectos personales y patrimoniales, las causas de separación o de disolución, el régimen de bienes y los derechos y deberes entre los cónyuges".

"Los matrimonios religiosos tendrán efectos civiles en los términos que establezca la ley, sin perjuicio de lo dispuesto en los tratados internacionales" numeral 4. "La unión singular y estable entre un hombre y una mujer, libres de impedimento matrimonial, que forman un hogar de hecho, genera derechos y deberes en sus relaciones personales y patrimoniales, de conformidad con ley"; numeral 5.

El numeral 6 del artículo 55 sobre la maternidad establece que "sea cual fuere la condición social o el estado civil de la mujer, gozará de la protección de los poderes públicos y genera derecho a la asistencia oficial en caso de desamparo".

El séptimo numeral dice que "toda persona tiene derecho al reconocimiento de su personalidad, a un nombre propio, al apellido del padre y de la madre y a conocer la identidad de los mismos. De inmediato el numeral 8 plantea que todas las personas tienen derecho desde su nacimiento a ser inscritas gratuitamente en el registro civil o en el libro de extranjería y a obtener los documentos públicos que comprueben su identidad, de conformidad con la ley".

El noveno numeral dice que "todos los hijos son iguales ante la ley, tienen iguales derechos y deberes y disfrutarán de las mismas oportunidades de desarrollo social, espiritual y físico.

Se prohíbe toda mención sobre la naturaleza de la filiación en los registros civiles y en todo documento de identidad. Mientras que el numeral 10 establece que "el Estado promueve la paternidad y maternidad responsables.

El padre y la madre, aun después de la separación y el divorcio, tienen el deber compartido e irrenunciable de alimentar, criar, formar, educar, mantener, dar seguridad y asistir a sus hijos e hijas. La ley establecerá las medidas necesarias y adecuadas para garantizar la efectividad de estas obligaciones".

"El Estado reconoce el trabajo del hogar como actividad económica que crea valor agregado y produce riqueza y bienestar social, por lo que se incorporará en la formulación y ejecución de las políticas públicas y sociales" numeral 11. "El Estado garantizará, mediante ley, políticas seguras y efectivas para la adopción" numeral 12.

Los derechos de los jóvenes

Finalmente el numeral 13 del articulo 55 sobre los derechos de la familia, dice que "se reconoce el valor de los jóvenes como actores estratégicos en el desarrollo de la Nación.

El Estado garantiza y promueve el ejercicio efectivo de sus derechos, a través de políticas y programas que aseguren de modo permanente su participación en todos los ámbitos de la vida nacional y, en particular, su capacitación y su acceso al primer empleo.

Los menores de edad

El Artículo 56 sobre la protección de las personas menores de edad dice que "la familia, la sociedad y el Estado, harán primar el interés superior del niño, niña y adolescente; tendrán la obligación de asistirles y protegerles para garantizar su desarrollo armónico e integral y el ejercicio pleno de sus derechos fundamentales, conforme a esta Constitución y las leyes".

Para lograr lo anterior se declara del más alto interés nacional la erradicación del trabajo infantil y todo tipo de maltrato o violencia contra las personas menores de edad.

Los niños, niñas y adolescentes serán protegidos por el Estado contra toda forma de abandono, secuestro, estado de vulnerabilidad, abuso o violencia física, sicológica, moral o sexual, explotación comercial, laboral, económica y trabajos riesgosos".

"Se promoverá la participación activa y progresiva de los niños, niñas y adolescentes en la vida familiar, comunitaria y social"; numeral 2. y por último "Los adolescentes son sujetos activos del proceso de desarrollo.

El Estado, con la participación solidaria de las familias y la sociedad, creará oportunidades para estimular su tránsito productivo hacia la vida adulta" numeral 3.

Protección de las personas de la tercera edad

Según el artículo 57 "la familia, la sociedad y el Estado concurrirán para la protección y la asistencia de las personas de la tercera edad y promoverán su integración a la vida activa y comunitaria. El Estado garantizará los servicios de la seguridad social integral y el subsidio alimentario en caso de indigencia".

Protección de las personas con discapacidad

"El Estado promoverá, protegerá y asegurará el goce de todos los derechos humanos y libertades fundamentales de las personas con discapacidad, en condiciones de igualdad, así como el ejercicio pleno y autónomo de sus capacidades".

El articulo 58 agrega que "el Estado adoptará las medidas positivas necesarias para propiciar su integración familiar, comunitaria, social, laboral, económica, cultural y política".

Derecho a la vivienda

Toda persona tiene derecho a una vivienda digna con servicios básicos esenciales. Según se establece en el artículo 59, donde se establece asimismo que "el Estado debe fijar las condiciones necesarias para hacer efectivo este derecho y promover planes de viviendas y asentamientos humanos de interés social.

El acceso legal a la propiedad inmobiliaria titulada es una prioridad fundamental de las políticas públicas de promoción de vivienda.

Este tema se completa con otros tres artículos que establecen el Derecho a la seguridad social (articulo 60), Derecho a la salud (Articulo 61), Derecho al trabajo (articulo 62) y el derecho a la educación (articulo 63).

"Toda persona, según el articulo 60, tiene derecho a la seguridad social". "El Estado estimulará el desarrollo progresivo de la seguridad social para asegurar el acceso universal a una adecuada protección en la enfermedad, discapacidad, desocupación y la vejez".

Derecho a la salud

Según se establece en el artículo 61 "toda persona tiene derecho a la salud integral para lo cual el Estado debe velar por la protección de la salud de todas las personas, el acceso al agua potable, el mejoramiento de la alimentación, de los servicios sanitarios, las condiciones higiénicas, el saneamiento ambiental, así como procurar los medios para la prevención y tratamiento de todas las enfermedades, asegurando el acceso a medicamentos de calidad y dando asistencia médica y hospitalaria gratuita a quienes la requieran".

Asimismo "el Estado garantizará, mediante legislaciones y políticas públicas, el ejercicio de los derechos económicos y sociales de la población de menores ingresos y, en consecuencia, prestará su protección y asistencia a los grupos y sectores vulnerables; combatirá los vicios sociales con las medidas adecuadas y con el auxilio de las convenciones y las organizaciones internacionales".

Leonardo Castillo
Derecho al trabajo

"El trabajo es un derecho" según se establece en el articulo 62, que indica además que el trabajo es "un deber y una función social que se ejerce con la protección y asistencia del Estado. Es finalidad esencial del Estado fomentar el empleo digno y remunerado.

Los poderes públicos promoverán el diálogo y concertación entre trabajadores, empleadores y el Estado. "En consecuencia: el Estado garantiza la igualdad y equidad de mujeres y hombres en el ejercicio del derecho al trabajo".

"Nadie puede impedir el trabajo de los demás ni obligarles a trabajar contra su voluntad. Son derechos básicos de trabajadores y trabajadoras, entre otros: la libertad sindical, la seguridad social, la negociación colectiva, la capacitación profesional, el respeto a su capacidad física e intelectual, a su intimidad y a su dignidad personal".

El articulo 62 sobre el derecho al trabajo, indica en su cuarto numeral que "la organización sindical es libre y democrática, debe ajustarse a sus estatutos y ser compatible con los principios consagrados en esta Constitución y las leyes". Mientras que el quinto numeral plantea que "se prohíbe toda clase de discriminación para acceder al empleo o durante la prestación del servicio, salvo las excepciones previstas por la ley con fines de proteger al trabajador o trabajadora".

"Para resolver conflictos laborales y pacíficos se reconoce el derecho de trabajadores a la huelga y de empleadores al paro de las empresas privadas, siempre que se ejerzan con arreglo a la ley, la cual dispondrá las medidas para garantizar el mantenimiento de los servicios públicos o los de utilidad pública" (numeral 6).

Otros cuatro numerales completan este articulo, entre ellos el numero siete que dice que "la ley dispondrá, según lo requiera el interés general, las jornadas de trabajo, los días de descanso y vacaciones, los salarios mínimos y sus formas de pago, la participación de los nacionales en todo trabajo, la participación de las y los trabajadores en los beneficios de la empresa y, en general, todas las medidas mínimas que se consideren necesarias a favor de los trabajadores, incluyendo regulaciones especiales para el trabajo informal, a domicilio y cualquier otra modalidad del trabajo humano.

El Estado facilitará los medios a su alcance para que las y los trabajadores puedan adquirir los útiles e instrumentos indispensables a su labor".

"Es obligación de todo empleador garantizar a sus trabajadores condiciones de seguridad, salubridad, higiene y ambiente de trabajo adecuados. El Estado adoptará medidas para promover la creación de instancias integradas por empleadores y trabajadores para la consecución de estos fines" (numeral 8).

En ese orden el noveno numeral establece que todo trabajador tiene derecho a un salario justo y suficiente que le permita vivir con dignidad y cubrir para sí y su familia necesidades básicas materiales, sociales e intelectuales. Se garantiza el pago de igual salario por trabajo de igual valor, sin discriminación de género o de otra índole y en idénticas condiciones de capacidad, eficiencia y antigüedad".

Y finalmente el numeral 10 dice que "es de alto interés la aplicación de las normas laborales relativas a la nacionalización del trabajo. La ley determinará el porcentaje de extranjeros que pueden prestar sus servicios a una empresa como trabajadores asalariados".

Derecho a la education

Este renglón concluye con el artículo 63 sobre el derecho a la educación donde se establece que "toda persona tiene derecho a una educación integral, de calidad, permanente, en igualdad de condiciones y oportunidades, sin más limitaciones que las derivadas de sus aptitudes, vocación y aspiraciones.

Este artículo incluye 13 numerales el primero de los cuales establece que "la educación tiene por objeto la formación integral del ser humano a lo largo de toda su vida y debe orientarse hacia el desarrollo de su potencial creativo y de sus valores éticos. Busca el acceso al conocimiento, a la ciencia, a la técnica y a los demás bienes y valores de la cultura".

"La familia es responsable de la educación de sus integrantes y tiene derecho a escoger el tipo de educación de sus hijos menores". (Numeral 2) y "El Estado garantiza la educación pública gratuita y la declara obligatoria en el nivel inicial, básico y medio. La oferta para el nivel inicial será definida en la ley. La educación superior en el sistema público será financiada por el Estado, garantizando una distribución de los recursos proporcional a la oferta educativa de las regiones, de conformidad con lo que establezca la ley" (numeral 3).

De acuerdo al cuarto numeral "el Estado velará por la gratuidad y la calidad de la educación general, el cumplimiento de sus fines y la formación moral, intelectual y física del educando.

Tiene la obligación de ofertar el número de horas lectivas que aseguren el logro de los objetivos educacionales" mientras que el quinto numeral dice que "el Estado reconoce el ejercicio de la carrera docente como fundamental para el pleno desarrollo de la educación y de la Nación dominicana y, por consiguiente, es su obligación propender a la profesionalización, a la estabilidad y dignificación de los y las docentes".

"Son obligaciones del Estado la erradicación del analfabetismo y la educación de personas con necesidades especiales y con capacidades excepcionales", esto esta establecido en el numeral seis del articulo 63. El numeral 7 dice que "el Estado debe velar por la calidad de la educación superior y financiará los centros y universidades públicas, de conformidad con lo que establezca la ley. Garantizará la autonomía universitaria y la libertad de cátedra" y el 8 señala que "las universidades escogerán sus directivas y se regirán por sus propios estatutos, de conformidad con la ley".

"El Estado definirá políticas para promover e incentivar la investigación, la ciencia, la tecnología y la innovación que favorezcan el desarrollo sostenible, el bienestar humano, la competitividad, el fortalecimiento institucional y la preservación del medio ambiente. Se apoyará a las empresas e instituciones privadas que inviertan a esos fines".

"La inversión del Estado en la educación, la ciencia y la tecnología deberá ser creciente y sostenida, en correspondencia con los niveles de desempeño macroeconómico del país. La ley consignará los montos mínimos y los porcentajes correspondientes a dicha inversión. En ningún caso se podrá hacer transferencias de fondos consignados a financiar el desarrollo de estas áreas".

"Los medios de comunicación social, públicos y privados, deben contribuir a la formación ciudadana. El Estado garantiza servicios públicos de radio, televisión y redes de bibliotecas y de informática, con el fin de permitir el acceso universal a la información. Los centros educativos incorporarán el conocimiento y aplicación de las nuevas tecnologías y de sus innovaciones, según los requisitos que establezca la ley".

"El Estado garantiza la libertad de enseñanza, reconoce la iniciativa privada en la creación de instituciones y servicios de educación y estimula el desarrollo de la ciencia y la tecnología, de acuerdo con la ley."

Y finalmente "con la finalidad de formar ciudadanas y ciudadanos conscientes de sus derechos y deberes, en todas las instituciones de educación pública y privada, serán obligatorias la instrucción en la formación social y cívica, la enseñanza de la Constitución, de los derechos y garantías fundamentales, de los valores patrios y de los principios de convivencia pacífica.

Como se habrá notado, la nueva constitución dominicana vincula de forma muy estrecha el desarrollo humano a través de la educación y el régimen económico y monetario de un modo tal que prácticamente se transita fluidamente de un tema al otro.

Leonardo Castillo

8   Capitulo cinco, la defensa pública

La Defensa Pública y la asistencia legal gratuita son consagradas en la Nueva Constitución de la República

Santo Domingo.- El artículo 176 del capítulo sexto de la nueva Constitución de la República sobre la defensa pública, establece que el servicio de Defensa Pública es un órgano del sistema de justicia dotado de autonomía administrativa y funcional, que tiene por finalidad garantizar la tutela efectiva del derecho fundamental a la defensa en las distintas áreas de su competencia.

Agrega que el servicio de Defensa Pública se ofrecerá en todo el territorio nacional atendiendo a los criterios de gratuidad, fácil acceso, igualdad, eficiencia y calidad, para las personas imputadas que por cualquier causa no estén asistidas por abogado.

De inmediato se establece que corresponde a la ley de Defensa Pública, regir el funcionamiento de esta institución.

La gratuidad de la justicia constituye una de esas aspiraciones de la sociedad que se van consagrando e institucionalizando a través de un largo proceso, y que se sufre más cuando está ausente. Es decir, si estuviera ausente de la actual carta magna quizás generaría la indignación de sectores que siempre logran hacerse notar.

Afortunadamente no sólo está consagrada en la carta magna, sino que las autoridades desarrollan formidables programas de asistencia legal gratuita tanto para los justiciables que no cuentan con los servicios de un abogado contratado, como también para aquellos casos en que las victimas o querellantes carecen de recursos para pagar servicios legales privados.

Leonardo Castillo

El artículo que sigue es el 177 sobre asistencia legal gratuita el cual indica que el Estado será responsable de organizar programas y servicios de asistencia legal gratuita a favor de las personas que carezcan de los recursos económicos para obtener una representación judicial de sus intereses, particularmente para la protección de los derechos de la víctima, sin perjuicio de las atribuciones que correspondan al Ministerio Público en el ámbito del proceso penal.

Leonardo Castillo

La nueva constitución prohíbe y sanciona la corrupción administrativa

Santo Domingo,-. El artículo 146 de la nueva constitución dominicana, sobre la proscripción de la corrupción indica que: Se condena toda forma de corrupción en los órganos del Estado.

De inmediato la nueva carta magna dominicana, ofrecer numerosos detalles de forma y fondo a lo largo de cinco numerales el primero de los cuales indica que será sancionada con las penas que la ley determine, toda persona que sustraiga fondos públicos o que prevaliéndose de sus posiciones dentro de los órganos y organismos del Estado, sus dependencias o instituciones autónomas, obtenga para sí o para terceros provecho económico.

El segundo numeral del mismo artículo dice que de igual forma será sancionada la persona que proporcione ventajas a sus asociados, familiares, allegados, amigos o relacionados.

De este modo, lo que para los mas corruptos era ayudar a los suyos, en la nueva carta magna queda claramente definido como un acto de corrupción administrativa que lesiona los intereses de la colectividad y que por tanto deberá ser sancionado con el castigo que establezca la ley.

"Es obligatoria, de acuerdo con lo dispuesto por la ley, la declaración jurada de bienes de las y los funcionarios públicos, a quienes corresponde siempre probar el origen de sus bienes, antes y después de haber finalizado sus funciones o a requerimiento de autoridad competente. La aplicación del tercer numeral ha permitido a la sociedad dominicana conocer las fortunas de muchos de sus jefes policiales y militares.

El cuarto numeral dice que a las personas condenadas por delitos de corrupción les será aplicada, sin perjuicio de otras sanciones previstas por las leyes, la pena de degradación cívica, y se les exigirá la restitución de lo apropiado de manera ilícita, con lo cual se procura que la colectividad agredida por los actos de corrupción, sea resarcida.

Por último el numeral cinco dice que la ley podrá disponer plazos de prescripción de mayor duración que los ordinarios para los casos de crímenes de corrupción y un régimen de beneficios procesales restrictivo. Así se dejan abiertas formas de endurecimiento de uno de los crímenes más perjudiciales para la sociedad.

Leonardo Castillo

La corrupción administrativa muchas veces utilizada por politiqueros inescrupulosos como una forma competir por los puestos estatales, deja de ser un crimen sancionable solo en los medios de comunicación, para contar ahora con controles reales desde la misma constitución o ley de leyes de la República Dominicana.

Leonardo Castillo

El Tribunal Constitucional es considerado por los expertos como un gran logro de la nueva Carta Magna

Santo Domingo.- "La creación del Tribunal Constitucional, el cual sustituirá a la Suprema Corte de Justicia en el conocimiento de las acciones directas de inconstitucionalidad de las leyes, representa para muchos la novedad más valiosa de la nueva constitución de la República Dominicana.

Tanto el experto francés, senador y profesor Robert Badinter, como el experto colombiano presidente de la Corte Constitucional de su país, Humberto Sierra Porto, atribuyeron en sendas conferencias, una importancia capital a la creación de un tribunal de garantías constitucionales. Publicado en: Centro de Información Gubernamental

Porque resulta que la justicia constitucional, es la justicia de los derechos fundamentales del ser humano. Y lo que la experiencia ha demostrado es que en muchas ocasiones no basta con que estos derechos estén consagrados en las leyes, sino que se requiere de los mecanismos que permitan la vigencia de "hecho" de los mismos.

En la república dominicana la Suprema Corte de Justicia llevó por muchos años sobre sus hombros la responsabilidad del control constitucional. Pero al compartir esta con otras responsabilidades con frecuencia los derechos de los ciudadanos pasaron a un plano de menor prioridad.

Por eso para muchos es un gran logro para la sociedad dominicana, y para avanzar hacia el establecimiento de un verdadero estado de derechos en el país, la creación de un tribunal constitucional que se ocupará exclusivamente de este tema.

El presidente Leonel Fernández lo consideró como "la mayor novedad de la nueva carta magna dominicana", durante la ceremonia de proclamación de la Constitución en el Congreso Nacional.

El artículo 185 de la nueva Carta Magna, indica que el Tribunal Constitucional será competente para conocer en única instancia de las acciones directas de inconstitucionalidad contra las leyes, decretos, reglamentos, resoluciones y ordenanzas, a instancia del Presidente de la República, así como de una tercera parte de los miembros del Senado o de la Cámara de Diputados y de cualquier persona con interés legítimo, jurídicamente protegido.

Asimismo, es competente para conocer del control preventivo de los tratados internacionales antes de su ratificación por el órgano legislativo, y de los conflictos de competencia entre los poderes públicos.

Fernández cree que "No cabe dudas que hay mayor claridad conceptual en el contenido del nuevo texto constitucional que el que prevalecía en el inciso 1 del artículo 67 de la Carta Sustantiva que quedó derogada".

El artículo 46 de la nueva constitución declaraba la nulidad de pleno derecho de toda ley, decreto, resolución, reglamento o acto contrario a la misma Constitución.

El presidente Fernández entiende que al entrar el siglo XXI, en el país era urgente una profunda reforma constitucional que le permitiese consolidar su democracia mediante el fortalecimiento del Estado de Derecho.

Esto así, porque el estado de derechos es imprescindible para la consolidación de la democracia, y ello a su vez requiere que los derechos de los ciudadanos mantengan un nivel de vigencia en el terreno de los hechos, más allá de lo simplemente enunciado en los textos legales.

Para este fin, el recién creado tribunal constitucional es pieza clave. Ya que su inclusión en la nueva Constitución forma parte de una tendencia constitucionalista que avanza en Iberoamérica durante las últimas décadas, como consecuencia de la consolidación de sus sistemas democráticos.

El presidente de la Suprema Corte de Justicia, Jorge Subero Isa, quien se había pronunciado en contra del nuevo tribunal constitucional, ya comienza a aceptarlo y consideró que una de las cualidades que debe tener el Tribunal Constitucional es la prudencia, porque el impacto que sus decisiones causan es susceptible de trastornar todo el ordenamiento, no solamente jurídico, sino del Estado mismo.

La misma comisión de Verificación de la Asamblea Revisora, destaca entre los aspectos más trascendentales de su informe; la creación del Tribunal Constitucional, el cual garantizará la supremacía de la Constitución, la defensa del orden constitucional y la protección de los derechos fundamentales mediante decisiones definitivas e irrevocables.

Esta jurisdicción, señala el informe, gozará de autonomía administrativa y presupuestaria. Tal y como lo recomiendan los expertos antes citados.

También resalta que tienen derecho a apoderar al Tribunal Constitucional de iniciativas en inconstitucionalidad, el presidente de la Suprema Corte de Justicia (SCJ), el Defensor del Pueblo o las personas que tengan un interés jurídicamente protegido de conformidad con la Constitución.

Asimismo, el tribunal conocerá de la constitucionalidad de los Estados de Excepción, a instancia de los presidentes de las cámaras legislativas, así como de las acciones de amparo contra las decisiones jurisdiccionales que vulneren derechos fundamentales, siempre que se hayan agotado las vías de recurso, a solicitud de parte interesada.

Además está facultado para revisar las decisiones dictadas en única instancia en materia de Hábeas Corpus y Hábeas Data, a solicitud de parte interesada. Y conocerá de los recursos extraordinarios en interés de la Constitución contra las decisiones judiciales dictadas en única o última instancia que declaren la inconstitucionalidad de una norma o acto.

Otras facultades del Tribunal Constitucional son conocer de los conflictos de competencia entre los poderes públicos u órganos constitucionales, a instancia de uno de los titulares.

La comisión propone que el Tribunal esté integrado por 12 jueces, que serán inamovibles, designados por el Consejo Nacional de la Magistratura (CNM) por nueve años, aunque no podrán ser reelectos.

El texto establece que la condición de juez del Tribunal Constitucional sólo se pierde por muerte, renuncia o destitución por faltas graves en el ejercicio de sus funciones, en cuyo caso se podrá designar a otra persona para completar el período. La función de juez será incompatible con otras funciones, salvo la labor docente.

Este modelo recoge la mayoría de las recomendaciones de los expertos, algunos de los cuales discrepan en cuanto al periodo del juez del tribunal constitucional, unos previeron que sea de por vida y otros por no menos de 12 años sin reelección.

En lo que todos coinciden es en la importancia de la justicia constitucional para los derechos humanos.

El experto francés, el profesor Badinter favoreció desde un principio algo así, es decir; la creación de una jurisdicción autónoma, diferente a la Suprema Corte de Justicia, para conocer los

Leonardo Castillo

asuntos relacionados a violaciones a los derechos fundamentales de los ciudadanos y las libertades públicas.

Leonardo Castillo

11   Capítulo ocho, el defensor del pueblo

El Defensor del Pueblo, ahora con rango constitucional, complementa estructura garante de derechos

Santo Domingo.- La nueva Constitución de la República Dominicana consagra la figura del Defensor del Pueblo en su título ocho, dedicándole los artículos 190 hasta el 192 impulsando una figura creada en el país mediante ley promulgada ocho años antes.

La misión del Defensor del Pueblo es la protección y defensa de los derechos fundamentales y las libertades públicas de los ciudadanos, sobre todo cuando estos son vulnerados por funcionarios del Estado.

La Ley 19-01 que se consagra la figura del Defensor del Pueblo como una autoridad independiente, con la misión esencial de salvaguardar y defender los derechos de los ciudadanos cuando sean vulnerados por funcionarios de la administración pública, fue aprobada en el año 2001, pero la clase política no logró ponerse de acuerdo para seleccionar la persona que ocuparía el cargo.

Leonardo Castillo

Pero ahora resurgen las esperanzas de activar esta figura, con el impulso que recibe gracias a los trabajos de la Asamblea Revisora que modificó la Constitución en atención a la propuesta del Presidente de la República.

La definición y origen del Defensor del Pueblo, y su consagración en la ley y ahora también en la constitución de la República, describen un progreso de trascendental importancia en la ruta hacia el establecimiento de un verdadero estado de derechos en la República Dominicana.

La popular enciclopedia en línea Wikipedia lo resume como "una autoridad del Estado encargada de garantizar los derechos de los ciudadanos ante abusos que puedan cometer los poderes Ejecutivo y, en su caso, Legislativo de ese mismo Estado".

"Algunos autores defienden que el sistema de Justicia de Aragón es el precursor del Defensor del Pueblo, que procede de la Constitución sueca que estableció dicha figura en 1809 para dar respuesta inmediata a los ciudadanos ante abusos de difícil solución por vía burocrática o judicial. De ahí que en diversos idiomas se haga referencia a su nombre en sueco Ombudsman".

Añade Wikipedia que "en los países hispanohablantes se denomina comúnmente Defensor del Pueblo, mientras que en los países francófonos suele llamarse Médiateur de la

78

République. Algunos países también lo han titulado Defensor de los Ciudadanos".

El abogado y profesor universitario Ángel Canó, en un amplio análisis de la ley numero 19/01 del primero de febrero del 2001, que creó el Defensor del Pueblo, resalta varias de sus cualidades, tales como que es una Autoridad Independiente, no sometida a ninguna autoridad proveniente del Estado.

"Es un Ejecutor de la ley, limitado únicamente por la ley misma. En caso de ser sometido judicialmente por algún crimen o delito, deberá ser juzgado por la Suprema Corte de Justicia, y desde el momento que asuma sus funciones, gozará de inmunidad, por lo que no podrá ser detenido, perseguido o condenado, excepto cuando se trate de un caso de flagrante delito".

"Es un Funcionario del Estado con autonomía funcional, administrativa y presupuestaria, que tiene jurisdicción en todo el territorio de la República Dominicana, pudiendo establecer delegaciones en el interior del país".

"Es un Garante de las prerrogativas personales y colectivas de todos los ciudadanos, frente a las violaciones que pudieren incurrir funcionarios de la administración pública.

A la vez de garantizar que las actuaciones de todos los funcionarios del Estado se ajusten a la moral, a las leyes vigentes, a los tratados, pactos firmados por la República Dominicana y a los principios generales del Derecho".

"Es un Investigador del Estado, investido por la ley de plenos poderes y facultades a fin de iniciar, de oficio o a petición de parte, cualquier investigación que conduzca al esclarecimiento de actos u omisiones del sector público y de aquellas entidades no públicas que presten servicios públicos.

Y en aquellos casos de que un funcionario de la administración pública o de entidades prestadoras de servicios públicos realice un acto de exceso, ilegal o arbitrario, que afecte a un particular o a una colectividad, éstos podrán dirigirse ante el Defensor del Pueblo y plantear la queja o reclamación que corresponda".

"Esta actuación apodera de manera directa al Defensor del Pueblo, quien deberá realizar las investigaciones que considere necesarias. Sin embargo, el Defensor del Pueblo no tiene faculta de modificar o anular actos de la administración pública, aunque puede sugerir cambios en los criterios que han servido de bases para crearlos o aplicarlos. Aunque de manera expresa, el Defensor del Pueblo podrá investigar directamente aquellos (a) actos administrativos opuestos a la ley o a los reglamentos. (b) acciones u omisiones arbitrarias, injustas, irrazonables, ofensivas, discriminatorias por parte de funcionarios públicos o de personas físicas o morales que presten servicios públicos (c) aquellos actos realizados en forma erróneas".

"Es un Supervisor de las acciones desarrolladas por las oficinas públicas y aquellas entidades prestadoras de servicios público, pudiendo sin previo aviso requerir de ellas todos los documentos e informaciones que sean necesarias para materializar cualquier investigación.

Documentación que le será suministrada de forma gratuita. Estando facultado para vigilar y supervisar todas las actividades de la administración pública y de entidades privadas prestadoras de servicios públicos, requiriendo en todo momento el funcionamiento correcto de la ley".

"Es un Educador, ya que entre sus facultades prioritarias se encuentran las de difundir y educar a la población dominicana, desde la perspectivas de las normas de los Derechos Humanos, de los principios consagrados en la Constitución, y de los compromisos contraídos en los tratados y pactos internacionales ratificados por el Estado Dominicano".

"Es un Mediador del Estado, pudiendo servir como tal en las demandas colectivas bien fundadas, pudiéndose desplazar a cualquier lugar del país donde se precisen importantes labores humanitarias y requieran su intermediación para poner fin a un conflicto que afecte una comunidad determinada".

"Es un Amonestador Público con la autoridad del Estado, sí en las investigaciones que el Defensor Publico realice, resulta comprometida la responsabilidad de cualquier funcionario publico, el Defensor del Pueblo tendrá la potestad de amonestarlo con la finalidad de que enmiende el error cometido".

"El funcionario o los funcionarios amonestados deberán contestar por escrito en un plazo no mayor de treinta días. Si el Defensor del Pueblo precisa de alguna actuación o Información urgente o de emergencia, podrá pedir que la persona o funcionario requerido conteste por escrito en un plazo de tres hasta quince días; asimismo, podrá citarlo para que responda inmediatamente. Sin embargo, si transcurrido el plazo indicado la autoridad o funcionario no contestaré, o si modifica su actuación, el Defensor del Pueblo podrá dirigirse al Superior jerárquico y solicitar que sea sancionado, incluso podrá hacer pública la falta del funcionario a través de los medios de comunicación del país.

De igual manera, si en el curso de sus de sus investigaciones el Defensor del Pueblo verifica la ocurrencia de violaciones a la ley que constituyan delito, lo comunicará al Ministerio Público para que éste inicie las pesquisas de lugar. Será responsabilidad entonces del Ministerio Público informar al Defensor del Pueblo del curso que tomen las investigaciones".

"Es un Receptor de las quejas y reclamaciones, que se hagan a los funcionarios públicos. Estas quejas podrán ser formuladas por escrito, verbalmente o por cualquier medio, las cuales deberán contener las generales del interesado y una exposición detallada de los hechos que motivan la queja.

Las quejas deberán ser firmadas o en caso de no saber firmar, colocar sus huellas digitales en presencia de un testigo. El reclamante deberá tener todas las facilidades y orientaciones de parte de la Oficina del Defensor del Pueblo y no se expondrán impedimentos por razones de nacionalidad, edad, sexo, residencia, condición de imputado, condenado o internado en centro de salud mental".

"En caso de incapacidad podrán quejarse sus familiares o cualquier persona que tenga interés. Todos los ciudadanos dominicanos podrán interponer sus quejas y reclamaciones dentro del año posterior al momento en que hayan tenido conocimiento de una violación a la ley. Sin embargo, la ley dispone que el Defensor del Pueblo tendrá discrecionalidad de aceptar quejas o reclamos vencido ese plazo".

"Es un Protector directo de los derechos consagrados por la Constitución de la República, por las leyes especializadas, por los tratados, pactos y convenciones ratificadas por el Estado Dominicano en las áreas de los (a) Derechos Humanos, (b) Medio Ambiente y Recursos Naturales, (c) asuntos relacionados a los Derechos Humanos de las Mujeres, (d) a los asuntos vinculados a la protección de los menores y la juventud, particularmente a la falta de oportunidades, para sus realizaciones colectivas(e) los Derechos de los Consumidores".

"Es un Defensor natural de todas las prerrogativas constitucionales que tiendan a garantizar un ejercicio pleno del debido proceso de la ley en favor de cualquier ciudadano, sin tomar en consideración ninguna diferencia, por razones de edad, color, raza, religión, condición social, nivel educacional, u otra".

"Es un forjador de ideales democráticos y un promotor de los valores en que descansa nuestro sistema democrático, teniendo como tarea principal el fortalecimiento de las normas institucionales del Estado a fin de eliminar las ventajas que por razones sociales, económicas o políticas, favorecen a pequeños sectores en contra de las aspiraciones de las grandes mayorías del país.

Toda acción del Defensor del Pueblo deberá estar consagrada en fortalecer la institucionalidad del Estado, como garantía plena para el desarrollo de una mejor y mayor democracia".

Y finalmente el profesor universitario indica en su análisis que sus consideraciones son puramente enunciativas, ya que el desarrollo del trabajo diario del Defensor del Pueblo, traerán nuevas consideraciones, que amplían el universo de acción del Defensor del Pueblo.

Ocho años no fueron suficientes para la plena vigencia de la Ley que creó el Defensor del Pueblo, pero con su consagración en la nueva carta magna del pueblo dominicano, las perspectivas de su progreso han mejorado notablemente.

La Constitución recién promulgada en su artículo 190 define el Defensor del Pueblo como una autoridad independiente en sus funciones y con autonomía administrativa y presupuestaria. Se debe de manera exclusiva al mandato de esta Constitución y las leyes.

El artículo 191 se refiere a las funciones esenciales del Defensor del Pueblo, indicando que busca contribuir a salvaguardar los derechos fundamentales de las personas y los intereses colectivos y difusos establecidos en esta Constitución y las leyes, en caso de que sean violados por funcionarios u órganos del Estado, por prestadores de servicios públicos o particulares que afecten intereses colectivos y difusos. La ley regulará lo relativo a su organización y funcionamiento.

El tercer y último artículo del título ocho de la reformada Constitución es el 192 donde se define la forma de elección del Defensor del Pueblo con los siguientes términos: "El Defensor del Pueblo y sus adjuntos serán nombrados por el Senado por un período de seis años, de ternas propuestas por la Cámara de Diputados y permanecerán en el cargo hasta que sean sustituidos.

La Cámara de Diputados deberá escoger las ternas en la legislatura ordinaria previa al cumplimiento del término del mandato de los designados y las someterá ante el Senado en un plazo que no excederá los quince días siguientes a su aprobación. El Senado de la República efectuará la elección antes de los treinta días siguientes.

Pero los asambleístas agregaron un párrafo que indica los procedimientos a seguir en el caso de que se venzan los plazos sin los resultados perseguidos: "Párrafo.- Vencidos los plazos sin que la Cámara de Diputados hubiere escogido y presentado las ternas, las mismas serán escogidas y presentadas al Senado por el Pleno de la Suprema Corte de Justicia. Si es el Senado el que no efectuare la elección en el plazo previsto, la Suprema Corte de Justicia elegirá de las ternas presentadas por la Cámara de Diputados".

Más de 75 artículos de la Nueva Constitución: Procuran Equidad de Género y La Protección de la Mujer

Santo Domingo.- El articulo 39 de la nueva constitución de la República Dominicana indica en su numeral cuatro que "la mujer y el hombre son iguales ante la ley." Y que se "se prohíbe cualquier acto que tenga como objetivo o resultado menoscabar o anular el reconocimiento, goce o ejercicio en condiciones de igualdad de los derechos fundamentales de mujeres y hombres."

El anterior es la primera parte de un párrafo de un artículo que forma parte de un amplio conjunto de normas constitucionales que buscan poner fin a la discriminación y abusos contra la mujer. Por eso la segunda parte del mismo párrafo indica que "se promoverán las medidas necesarias para garantizar la erradicación de las desigualdades y la discriminación de género.

De inmediato el numeral cinco del mismo articulo indica que "el Estado debe promover y garantizar la participación equilibrada de mujeres y hombres en las candidaturas a los cargos de elección popular para las instancias de dirección y decisión en el ámbito público, en la administración de justicia y en los organismos de control del Estado.

Cabe preguntarse si son suficientes 70 o 75 artículos que procuran la equidad de genero, sin embargo hay que resaltar que cuando se protegen los derechos humanos fundamentales del hombre, también se protegen los derechos de la mujer, No obstante ha sido la mujer tan vulnerable y maltratada tradicionalmente, que ha sido necesario el surgimiento de normas especificas para su defensa.

Por eso algunos creen que la normativa constitucional antes mencionada constituye solo el primer paso de una secuencia que la sociedad tendrá que plantearse como meta.

En ese sentido la diputada dominicana Minou Tavárez Mirabal expresó que la sociedad debe asumir como un reto, construir la igualdad y equidad de género que se refleje en los partidos políticos, en los nombramientos gubernamentales y en la participación activa de la mujer en las actividades productivas, sociales y administrativas.

La legisladora propone unir esfuerzos para construir una sociedad con mayores niveles de participación, reconociendo los grandes sacrificios y aportes de la mujer al desarrollo nacional.

La legisladora entiende que la igualdad y equidad de género, consignada en la nueva Constitución de la República, debe ahora asumirse como uno de los principales retos del país, "que deberá reflejarse en las listas electorales, en los partidos políticos, en los nombramientos de los funcionarios y funcionarias y en cada una de las instituciones públicas".

Dijo que la nueva Constitución impacta sobre las mujeres en más de 75 artículos, reconociéndole por vez primera un papel protagónico. En ese sentido, destacó como una gran conquista lo relativo a la violencia de género y el compromiso del Estado de garantizar las herramientas en la erradicación de ese mal.

También la presidenta de la Comisión Permanente de Asuntos de Equidad de Género de la Cámara de Diputados, Magda Rodríguez, valoró los avances establecidos en la nueva Constitución de la República a favor de la mujer.

Al presentar un documento titulado Los Derechos de la Mujer en la Constitución 2010, que contiene los principales artículos de la recién promulgada Constitución referentes a las prerrogativas de las dominicanas la legisladora expuso la necesidad de que las mujeres adquieran mayores niveles de conocimiento y se apropien del contenido del texto constitucional que, por primera vez, fue concebida con enfoque de género.

Los avances en materia de equidad de género, incluyen el hecho de que en la carta sustantiva se reconoce de manera expresa la igualdad de derechos entre el hombre y la mujer, se condena la violencia intrafamiliar y de género en cualquiera de sus formas y se establece la obligación del Estado de adoptar medidas necesarias para la erradicación de la discriminación de género.

Magda Rodríguez cree que es un avance para la mujer la prerrogativa que establece el equilibrio de género en la presentación de candidaturas y puestos de decisión en la administración pública, de justicia y en los órganos de control del Estado, así como el que reconoce la unión de hecho con igual reconocimiento ante la ley que la unión por matrimonio.

Pero una visión más amplia del contexto que rodea el articulado favorable a la mujer, ayuda a entender mejor el criterio que lo rige y encontramos

Leonardo Castillo

que ciertamente los derechos de la mujer también son protegidos por otros artículos que no necesariamente la mencionan como tal, sino como persona.

De hecho el artículo 39 relativo al Derecho a la igualdad, indica que "todas las personas nacen libres e iguales ante la ley, reciben la misma protección y trato de las instituciones, autoridades y demás personas y gozan de los mismos derechos, libertades y oportunidades, sin ninguna discriminación por razones de género, color, edad, discapacidad, nacionalidad, vínculos familiares, lengua, religión, opinión política o filosófica, condición social o personal.

Por eso los numerales siguientes indican que: "La República condena todo privilegio y situación que tienda a quebrantar la igualdad de las dominicanas y los dominicanos, entre quienes no deben existir otras diferencias que las que resulten de sus talentos o de sus virtudes (numeral uno) seguido del numeral dos que dice que: "Ninguna entidad de la República puede conceder títulos de nobleza ni distinciones hereditarias y el numeral tres que dice que "El Estado debe promover las condiciones jurídicas y administrativas para que la igualdad sea real y efectiva y adoptará medidas para prevenir y combatir la discriminación, la marginalidad, la vulnerabilidad y la exclusión;

Lo mismo ocurre con los artículos cuarenta y dos y el sesenta y dos y sus respectivos numerales, a lo largo de los cuales se protegen derechos de la persona, resaltando por rato de forma muy específica a la mujer para protegerla de manera particular, por su particular vulnerabilidad.

El Artículo 42 sobre el derecho a la integridad personal, indica que toda persona tiene derecho a que se respete su integridad física, psíquica, moral y a vivir sin violencia. Tendrá la protección del Estado en casos de amenaza, riesgo o violación de las mismas.

Se prohíbe la tortura

El primer numeral de este articulo es uno de los mas importantes, humanamente hablando, por los momentos de terror que recoge la historia de la humanidad en perjuicio de hombres y mujeres por igual, torturados, humillados rebajados en su dignidad.

"Ninguna persona puede ser sometida a penas, torturas o procedimientos vejatorios que impliquen la pérdida o disminución de su salud, o de su integridad física o psíquica" y de inmediato el numeral segundo indica que "se condena la violencia intrafamiliar y de género en cualquiera de sus formas."

"El Estado garantizará mediante ley la adopción de medidas necesarias para prevenir, sancionar y erradicar la violencia contra la mujer;" y seguido el numeral tres señala que "nadie puede ser sometido, sin consentimiento previo, a experimentos y procedimientos que no se ajusten a las normas científicas y bioéticas internacionalmente reconocidas. Tampoco a exámenes o procedimientos médicos, excepto cuando se encuentre en peligro su vida.

Derechos al trabajo

El artículo 62 sobre el derecho al trabajo indica que el trabajo es un derecho, un deber y una función social que se ejerce con la protección y asistencia del Estado. Es finalidad esencial del Estado fomentar el empleo digno y remunerado.

Los poderes públicos promoverán el diálogo y concertación entre trabajadores, empleadores y el Estado. En consecuencia el Estado garantiza la igualdad y equidad de mujeres y hombres en el ejercicio del derecho al trabajo.

El segundo numeral de este articulo dice que "nadie puede impedir el trabajo de los demás ni obligarles a trabajar contra su voluntad y el numeral tres señala que "son derechos básicos de trabajadores y trabajadoras, entre otros: la libertad sindical, la seguridad social, la negociación colectiva, la capacitación profesional, el respeto a su capacidad física e intelectual, a su intimidad y a su dignidad personal".

El lenguaje

En el pasado se entendía que con referirse a los trabajadores, se estaba incluyendo a las trabajadoras, hoy se exige especificar trabajadores y trabajadoras y esto se observa en el lenguaje utilizado para redactar la nueva constitución de la República Dominicana.

El quinto numeral del articulo 62 sobre derecho al trabajo, por ejemplo indica que "se prohíbe toda clase de discriminación para acceder al empleo o durante la prestación del servicio, salvo las excepciones previstas por la ley con fines de proteger al trabajador o trabajadora".

Para continuar de inmediato con el numeral seis, el cual, dice que "para resolver conflictos laborales y pacíficos se reconoce el derecho de trabajadores a la huelga y de empleadores al paro de las empresas privadas, siempre que se ejerzan con arreglo a la ley, la cual dispondrá las medidas para garantizar el mantenimiento de los servicios públicos o los de utilidad pública.

"El Estado facilitará los medios a su alcance para que las y los trabajadores puedan adquirir los útiles e instrumentos indispensables a su labor".

El numeral nueve dice que "todo trabajador tiene derecho a un salario justo y suficiente que le permita vivir con dignidad y cubrir para sí y su familia necesidades básicas materiales, sociales e intelectuales.

Se garantiza el pago de igual salario por trabajo de igual valor, sin discriminación de género o de otra índole y en idénticas condiciones de capacidad, eficiencia y antigüedad".

La maternidad

Pero donde los derechos de la mujer se ven protegidos con mayor certeza, es en ciertos numerales del Artículo 55 sobre los derechos de familia, especialmente el numeral seis, el cual indica que: "la maternidad, sea cual fuere la condición social o el estado civil de la mujer, gozará de la protección de los poderes públicos y genera derecho a la asistencia oficial en caso de desamparo".

En virtud de esto una mujer embarazada, desamparada, puede acudir por ayuda a cualquier institución del Estado. Las cuales están constitucionalmente obligadas a proteger a la mujer que se encuentra en este estado.

El numeral once del mismo artículo indica novedoso y emocionante, señalando que "el Estado reconoce el trabajo del hogar como actividad económica que crea valor agregado y produce riqueza y bienestar social, por lo que se incorporará en la formulación y ejecución de las políticas públicas y sociales".

Parece que a partir de lo anterior, las amas de casa tienen derecho a una pensión. Entre otros derechos derivados de sus aportes económicos a favor de la sociedad.

Muchos creen que todas las dominicanas deben hacer uso de sus derechos y ejercerlos de manera activa.

Pero las normas constitucionales a favor de al mujer, son solo un primer paso hacia una sociedad justa y equitativa donde los mas vulnerables son protegidos por el aparato del estado y toda la sociedad. Por lo cual existe el compromiso de continuar produciendo los cambios necesarios para que las mujeres sigan alcanzando la plenitud de sus derechos.

Bodas Evangélicas Con Validez Legal: Otra Novedad Constitucional

Santo Domingo,-. La nueva constitución de la República Dominicana está llena de novedades, pero una de las más ampliamente celebradas, sin dudas, aparece dentro del articulo 55 relativo a los derechos de familia, específicamente el numeral cuatro, el cual indica que los matrimonios religiosos tendrán efectos civiles en los términos que establezca la ley, sin perjuicio de lo dispuesto en los tratados internacionales.

A partir de lo anterior, la constitución de la república extiende hacia otras religiones, lo que hasta la fecha fue un privilegio exclusivo de la iglesia católica, en cuanto a los matrimonios celebrados por los sacerdotes, los cuales, tienen efectos civiles en los términos que establece el concordato firmado en el año 1954 entre el Vaticano y el gobierno dominicano encabezado por Rafael Leonidas Trujillo.

Previamente hubo un debate intenso en el seno de la sociedad, ya que los partidarios de que se permitiera a los pastores evangélicos celebrar bodas con efectos civiles, como lo hacen los sacerdotes católicos, indican que la iglesia protestante es una gran promotora de la formalidad del matrimonio la familia monogámica.

El pastor José Cristopher declaró en la televisión, que en la iglesia evangélica o protestante son muy exigentes con sus miembros, quienes para poder bautizarse dentro de esa entidad, si conviven maritalmente deben casarse, o mejor aun, deben formalizar su unión ante Dios, y a este pastor le resulto incomprensible, que las bodas evangélicas no tuvieran validez legal, o efecto civil, como ocurre con las bodas católicas.

Pero este hecho paso a la historia desde que fue promulgada la nueva constitución de la República Dominicana, donde queda establecido que los matrimonios religiosos tendrá efectos civiles. No obstante la ley que se requiere para completar el proceso, viene a establecer las condiciones y la forma de aplicación del mandato constitucional

Sobre el concordato

Desde 1954 los miembros y seguidores de la iglesia católica disfrutan del privilegio de que sus bodas religiosas tienen al mismo tiempo validez legal en virtud del concordato firmado en esa fecha por el Vaticano y el Papa Píos XII y el gobierno dominicano encabezado por Rafael Leonidas Trujillo.

Pero no ha sido algo sencillo, los opuestos a lo que consideraron este un privilegio y una injusticia, hasta llegaron a incoar un recurso de inconstitucionalidad contra el concordato. Pero se estableció sin embargo, que el Concordato firmado en el año 1954 por el Rafa- el L. Trujillo, y el papa Pío XII es un acuerdo de gobierno a gobierno que solamente puede ser revisado por el gobierno dominicano y el Vaticano.

En la sentencia en donde solo dos jueces marcaron distancia con el criterio de la mayoría, el Pleno de la Suprema Corte de Justicia declaró conforme con la Constitución la resolución mediante la cual el Congreso Nacional aprobó el Concordato rubricado entre la Santa Sede y el Estado dominicano, el 16 de junio de 1954.

Los votos disidentes fueron los de los jueces Rafael Luciano Pichardo y José Hernández Machado, quienes consideran que la SCJ debió declarar su incompetencia para conocer de la acción de constitucionalidad sobre el Concordato, que es un tratado internacional.

Con ese fallo, el tribunal rechazó la acción en inconstitucionalidad, incoada por el Ministerio Jesús es Sanidad y Vida Eterna y compartes, el 11 de julio de 2006.

Considera que si bien el Estado asume la obligación de ofrecer en las escuelas públicas primarias y secundarias enseñanza de la religión y moral católica, en modo alguno prohíbe que se imparta enseñanza de otra religión en los planteles, ni se ha aportado evidencia de que esto haya sido impedido en virtud de lo convenido en el Concordato.

Por otro lado la SCJ valora la experiencia en la teneduría de libros y registro de matrimonios y otros sacramentos, que exhibe la Iglesia Católica, por lo que goza de la mayor confiabilidad y seriedad en la sociedad; y si bien no contempla que pastores, oficiales y diáconos de otras comunidades religiosas puedan celebrar matrimonios con plenos efectos civiles, tampoco existe prohibición constitucional ni en el Concordato para que la ley extienda en su favor la facultad de celebrar matrimonios civiles.

Esto último es justamente lo que la Constitución promulgada el pasado 26 de enero del 2010 consagra.

Derechos de la familia

Un vistazo al resto de los derechos constitucionalmente establecidos bajo el artículo 55 relativo a los Derechos de la familia, de alguna manera los provee de una visión mas completa de todo esto, ya que se parte del criterio de que "la familia es el fundamento de la sociedad y el espacio básico para el desarrollo integral de las personas.

Se constituye por vínculos naturales o jurídicos, por la decisión libre de un hombre y una mujer de contraer matrimonio o por la voluntad responsable de conformarla".

El primer numeral dice que "toda persona tiene derecho a constituir una familia, en cuya formación y desarrollo la mujer y el hombre gozan de iguales derechos y deberes y se deben comprensión mutua y respeto recíproco; esto último forma parte del un amplio conjunto de articulo favorables a la equidad de genero que detallaremos en otro reportaje.

"El Estado garantizará la protección de la familia. Y de inmediato el numeral dos agrega que "el bien de familia es inalienable e inembargable, de conformidad con la ley; y seguido el numeral tres establece que "el Estado promoverá y protegerá la organización de la familia sobre la base de la institución del matrimonio entre un hombre y una mujer.

La ley establecerá los requisitos para contraerlo, las formalidades para su celebración, sus efectos personales y patrimoniales, las causas de separación o de disolución, el régimen de bienes y los derechos y deberes entre los cónyuges.

"Los matrimonios religiosos tendrán efectos civiles en los términos que establezca la ley, sin perjuicio de lo dispuesto en los tratados internacionales;" pero esto no perjudica las uniones "libres" en efecto, de inmediato el numeral cinco plantea que: "la unión singular y estable entre un hombre y una mujer, libres de impedimento matrimonial, que forman un hogar de hecho, genera derechos y deberes en sus relaciones personales y patrimoniales, de conformidad con ley.

Este mismo criterio abarcador se aplica a una condición de trascendental importancia para la existencia humana: La maternidad. El numeral seis dice que "la maternidad, sea cual fuere la condición social o el estado civil de la mujer, gozará de la protección de los poderes públicos y genera derecho a la asistencia oficial en caso de desamparo. Es decir, que una mujer embarazada, que se vea desamparada, tiene derecho a ser protegida por cualquier institución del estado a la cual acuda en busca de ayuda. Podría surgir una ley que establezca las consecuencias de no acatar este mandato constitucional.

El Libro de Extranjería

Pero dentro de los derechos de familia también figura lo relativo al registro civil y el numeral siete indica que "toda persona tiene derecho al reconocimiento de su personalidad, a un nombre propio, al apellido del padre y de la madre y a conocer la identidad de los mismos; "Todas las personas tienen derecho desde su nacimiento a ser inscritas gratuitamente en el registro civil o en el libro de extranjería y a obtener los documentos públicos que comprueben su identidad, de conformidad con la ley.

El libro de extranjería viene a resolver un problema que por años mantuvo entre la espada y la pared al pueblo dominicano que se veía en la disyuntiva de negar un derecho humano fundamental a seres inocentes, o renunciar al derecho a la propia patria para cederla impunemente.

Los hijos fuera del matrimonio

"Todos los hijos son iguales ante la ley, tienen iguales derechos y deberes y disfrutarán de las mismas oportunidades de desarrollo social, espiritual y físico.

Se prohíbe toda mención sobre la naturaleza de la filiación en los registros civiles y en todo documento de identidad, así figura en el numeral nueve de la carta magna para pasar de inmediato al numeral diez donde se establece que "el Estado promueve la paternidad y maternidad responsables.

El padre y la madre, aun después de la separación y el divorcio, tienen el deber compartido e irrenunciable de alimentar, criar, formar, educar, mantener, dar seguridad y asistir a sus hijos e hijas. La ley establecerá las medidas necesarias y adecuadas para garantizar la efectividad de estas obligaciones.

El trabajo en el hogar

"El Estado reconoce el trabajo del hogar como actividad económica que crea valor agregado y produce riqueza y bienestar social, por lo que se incorporará en la formulación y ejecución de las políticas públicas y sociales; algunos lectores no pueden evitar una expresión de exclamación ¡Guaoooo! Es como si se estableciera que el ama de cada tiene derecho a una pensión por sus años de servicio en el hogar. La ley complementará los detalles para el cumplimiento de este mandato constitucional.

De hecho el numeral doce así lo plantea "el Estado garantizará, mediante ley, políticas seguras y efectivas para la adopción.

La juventud

Finalmente, el numeral trece dirige la atención hacia los jóvenes, tan necesitados de apoyo, tan importante para la sociedad y tan vulnerable. "Se reconoce el valor de los jóvenes como actores estratégicos en el desarrollo de la Nación.

Leonardo Castillo
El Primer Empleo

"El Estado garantiza (a los jóvenes) y promueve el ejercicio efectivo de sus derechos, a través de políticas y programas que aseguren de modo permanente su participación en todos los ámbitos de la vida nacional y, en particular, su capacitación y su acceso al primer empleo.

Conclusión

Este vistazo a los 13 numerales del artículo 55 sobre derechos de familia nos permite entender el contexto en que se establece que los seguidores de la iglesia evangélica u otra religión, tienen los mismos derechos que disfrutan los seguidores de la iglesia católica, como se reconocen los derechos de los hijos dentro y fuera del matrimonio, o el derecho a inscribirse desde su nacimiento en el registro civil o en el libro de extranjería.

Se trata pues de un criterio coherentemente aplicado a las diferentes situaciones que dentro de la sociedad puede generar privilegios o discriminaciones, encaminándonos como sociedad hacia el estableciendo de un estado de derechos donde todos los ciudadanos puedan convivir pacíficamente en un ambiente de equidad y justicia, imprescindible para la felicidad, la concordia y el desarrollo social, emocional y económico de los ciudadanos.

Leonardo Castillo

El derecho a la intimidad, un tema de reciente importancia mundial, está consagrado en la nueva Constitución dominicana.

Santo Domingo.- Uno de los debates más intensos que desarrolla la intelectualidad del mundo gira en torno al tema de la "intimidad", considerado por los pensadores como uno de los derechos fundamentales de los seres humanos.El derecho a la intimidad entra en conflicto con el tema de la seguridad ciudadana, (que justifica la instalación de cámaras en lugares públicos), y con la libertad de información, principalmente.

No obstante, el desarrollo tecnológico y el avance de las telecomunicaciones han obligado a los Estados a desarrollar una legislación que proteja y garantice el respeto a los derechos a la intimidad y el honor personal.

El artículo 44 de la nueva carta magna de la República Dominicana dice que toda persona tiene derecho a la intimidad.

Se garantiza el respeto y la no injerencia en la vida privada, familiar, el domicilio y la correspondencia del individuo. Se reconoce el derecho al honor, al buen nombre y a la propia imagen.

Añade que toda autoridad o persona que los viole está obligada a resarcirlos o repararlos conforme a la ley. Por tanto, el hogar, el domicilio y todo recinto privado de la persona son inviolables, salvo en los casos que sean ordenados, de conformidad con la ley, por autoridad judicial competente o en caso de flagrante delito.

Asimismo, el artículo 44 en su numeral dos indica que toda persona tiene el derecho a acceder a la información y a los datos que sobre ella o sus bienes reposen en los registros oficiales o privados, así como a conocer el destino y el uso que se haga de los mismos, con las limitaciones fijadas por la ley.

El tratamiento de los datos e informaciones personales o sus bienes deberá hacerse respetando los principios de calidad, licitud, lealtad, seguridad y finalidad. Podrá solicitar ante la autoridad judicial competente la actualización, oposición al tratamiento, rectificación o destrucción de aquellas informaciones que afecten ilegítimamente sus derechos.

Igualmente se reconoce la inviolabilidad de la correspondencia, documentos o mensajes privados en formatos físico, digital, electrónico o de todo otro tipo.

Sólo podrán ser ocupados, interceptados o registrados por orden de una autoridad judicial competente, mediante procedimientos legales en la sustanciación de asuntos que se ventilen en la justicia y preservando el secreto de lo privado, que no guarde relación con el correspondiente proceso.

También es inviolable el secreto de la comunicación telegráfica, telefónica, cablegráfica, electrónica, telemática o la establecida en otro medio, salvo las autorizaciones otorgadas por juez o autoridad competente, de conformidad con la ley; el manejo, uso o tratamiento de datos e informaciones de carácter oficial que recaben las autoridades encargadas de la prevención, persecución y castigo del crimen, sólo podrán ser tratados o comunicados a los registros públicos, a partir de que haya intervenido una apertura a juicio, de conformidad con la ley.

En verdad el artículo 44 forma parte del articulado ubicado bajo el titulo segundo relativo a los derechos, garantías y deberes fundamentales que incluye el capitulo uno sobre los derechos fundamentales y la sección uno, de los derechos civiles y políticos.

De la forma en que aparece planteado en la nueva Constitución dominicana, el tema no parece encerrar conflicto alguno, no obstante un vistazo al debate puede generar las más variadas inquietudes.

La persecución del crimen, la prevención del delito, el uso de las tecnologías a favor de la seguridad ciudadana, incluyendo la instalación de cámaras de seguridad en lugares públicos y privados y la vigilancia de las telecomunicaciones, con frecuencia conllevan un sacrificio del derecho a la intimidad.

El director de prensa de la presidencia Rafael Núñez utiliza un ejemplo dramático para tratar el tema, cuando describe el caso de un ciudadano de Santiago protestando porque un medio de comunicación penetró a su vivienda a filmar unos equipos instalados en el patio trasero de la casa.

Aparentemente, el ciudadano estaba violando los derechos de los vecinos con el ruido que hacían sus equipos, pero a pesar de ello exigía respeto a su derecho a la intimidad ya que para ingresar a su residencia, se alegaba que vecinos se quejaron por el ruido.

Los derechos del hombre al parecer habían sido violados por el medio de comunicación al ingresar a su vivienda, donde habita su familia, cámara en mano, a tomar imágenes y audio sin su consentimiento.

A la luz de la ley sería necesaria una autorización de un juez competente para incursionar en la residencia a verificar las violaciones, alegadamente cometidas en perjuicio de los vecinos que se quejaban por los ruidos.

EXPERTA OPINA SOBRE EL TEMA

María Isabel Garrido Gómez, profesora de Filosofía del Derecho de la Universidad de Alcalá de España, dice que hoy día, en la llamada sociedad de la información adquiere gran relieve el reconocimiento y la garantía del derecho a la intimidad.

"Este derecho tiene una honda raigambre, pero es en la actualidad cuando ha adquirido una nueva comprensión, siendo uno de los derechos más vulnerados".

VULNERACION DE DERECHOS

Y las perspectivas de caras al futuro y las posibilidades de que sean cada vez más vulnerados estos derechos, le ponen los pelos de puntas a cualquiera con un breve vistazo al espionaje mundial y sistemas como "ECHELON", descrito por el blog de la Internet denominado Proyecto Matriz, como Sistema de Espionaje de Señales de los Estados Unidos y que bajo su capa se escondían la famosa Agencia de Seguridad (NSA) norteamericana, la CIA y departamentos especiales de la Armada, que permitirá al usuario intercambiar ficheros con otros usuarios y que también permite que su jefe le vigile, explore sus archivos y su correo e, incluso, descifrar sus contraseñas. Ni siquiera el hogar quedará exento de vigilancia.

¿MAS VULNERABLE CON MAS LIBERTADES?

Indica la publicación digital que una de las mayores paradojas de la sociedad en que vivimos, es que a mayor libertad de información y mayor capacidad de comunicación, gracias a las nuevas tecnologías, los ciudadanos están más vulnerables frente a su derecho a la intimidad y más desprovistos de recursos para controlar sus datos más personales ya sean fiscales, genéticos o de la propia imagen y voz.

Añade que los instrumentos de control y vigilancia empiezan a estar tan integrados en nuestro entorno que ya no nos damos ni cuenta de su constante intrusión en nuestras vidas.

La vigilancia visual se extiende desde hace años por nuestras calles, centros comerciales, como en Megacentro en Santo Domingo Este, para poner un ejemplo, que es un lugar súper vigilado por medio de cámaras de video, o cualquier otro, hospitales, estadios y parqueos.

Muchas de las cámaras instaladas no tienen ningún tipo de control judicial, como reconoce el juez presidente de la comisión de video vigilancia y presidente del tribunal superior de justicia de Cataluña, Guillem Vidal, pero la mayoría de los ciudadanos están de acuerdo en su necesidad debido a los altos niveles de criminalidad, lo cual no deja de implicar una constante violación a los derechos a la intimidad de todos.

GRAN DESAFIO

Pero Echelón plantea un desafío aún mayor a escala global ya que los organismos estatales estadounidenses y europeos que lideran los demás países del mundo en distintos temas, han sentado ya las bases de un enorme sistema de escuchas, capaz de interceptar todos los teléfonos móviles, en toda Europa, las comunicaciones por Internet, los faxes y los mensajes a busca personas.

Este programa es llamado genéricamente ECHELON: un plan, según personas como Ignacio Ramonet (Director de "Le Monde Diplomatique"), que crearán una malla de vigilancia que un día afectará a los ciudadanos del mundo entero".

113

Dicen que esa estrategia obligará a todos los proveedores de servicios en Internet y a las compañías telefónicas a proporcionar a policías y magistrados, acceso completo en tiempo real a todas las comunicaciones, independientemente de cuál sea el país de origen.

Así las cosas, la regulación constitucional del derecho a la intimidad en el artículo 44 de la nueva Constitución de la República Dominicana es una forma de que el país se coloque a la vanguardia en un tema que apenas comienza a debatirse en el mundo.

DERECHO ES ESENCIAL A NATURALEZA HUMANA

Es tal la importancia de este derecho que algunos pensadores lo describen como parte esencial de la naturaleza humana.

El escritor Rafael Baroja Crespo, en su monografía sobre el tema, plantea que la raíz de la existencia del derecho a la intimidad radica en la unidad finalista que caracteriza a la persona humana, en el ser dueña de sí misma (sui iuris), autónoma (libre) y digna ante sí y ante otros (exigente).

"En efecto, la persona humana es en realidad una, única e irrepetible, un ser concreto e individual que tiene una naturaleza específica, la humana, pero que posee su singularidad como algo absolutamente propio, intransferible e incomunicable".

Agrega que Benjamín Constant afirmaba que: "...hay una parte de la existencia humana que, necesariamente, tiene que mantenerse individual e independiente y que queda, por derecho, fuera de toda competencia social".

La intimidad es, por definición, una necesidad humana y un derecho natural del hombre por lo que es independiente y anterior a su regulación positiva. El término íntimo viene de intimus, superlativo latino que significa "lo más interior".

La intimidad corresponde al ámbito psicológico e inconmensurable del individuo, comprende su personalidad, sus valores morales y religiosos, sus tendencias sexuales y amorosas, sus orientaciones ideológicas. Lo íntimo está más fuera del alcance del interés público que lo privado.

OTRAS DEFINICIONES

Viendo otras definiciones de intimidad nos encontramos con la que ofrece el diccionario de la Real Academia de la Lengua Española de que es la "zona espiritual y reservada de una persona o un grupo, especialmente una familia".

Miguel A. Ekmekdjian lo define como "la facultad que tiene cada persona de disponer de una esfera, ámbito: privativo o reducto infranqueable de libertad individual, el cual no puede ser invadido por terceros, ya sean particulares o el propio Estado, mediante cualquier tipo de intromisiones, las cuales pueden asumir diversos signos".

Por su lado, Humberto Quiroga Lavié entiende que en el concepto de intimidad es el respeto a la personalidad humana, del aislamiento del hombre, de lo íntimo de cada uno, de la vida privada, de la persona física, innata, inherente y necesaria para desarrollar su vida sin entorpecimientos, perturbaciones y publicidades indeseadas".

Y continúa: "Es un derecho personalísimo que permite sustraer a las personas de la publicidad o de otras turbaciones a su vida privada, el cual está limitado por las necesidades sociales y los intereses públicos".

Finalmente Wikipedia dice que la intimidad o privacidad no posee fronteras definidas y posee diferentes significados para distintas personas. Es la habilidad de un individuo o grupo de mantener sus vidas y actos personales fuera de la vista del público, o de controlar el flujo de información sobre si mismos.

Agrega que la intimidad a veces se relaciona con anonimato a pesar de que por lo general es más preciada por las personas que son más conocidas por el público. La intimidad puede ser entendida como un aspecto de la seguridad, en el cual el balance entre los intereses de dos grupos puede ponerse en evidencia.

El derecho contra la invasión a la intimidad por el gobierno, corporaciones o individuos está garantizado en muchos países mediante leyes, y en algunos casos, por la Constitución o leyes de privacidad.

CASI TODOS LOS PAISES POSEEN LEYES LIMITANTES

Casi todos los países poseen leyes que en alguna medida limitan la privacidad. Por ejemplo, las obligaciones impositivas normalmente requieren informar sobre ingresos monetarios.

En algunos países la privacidad individual puede entrar en conflicto con las leyes que regulan la libertad de expresión, y algunas leyes requieren el hacer pública información que podría ser considerada privada en otros países o culturas.

Pero Wikipedia va mas allá, al indicar que la Intimidad es la parte de la vida de una persona que no ha de ser observada desde el exterior, y afecta sólo a la propia persona.

Se incluye dentro del "ámbito privado" de un individuo cualquier información que se refiera a sus datos personales, relaciones, salud, correo, comunicaciones electrónicas privadas, etc.

Es el derecho que poseen las personas de poder excluir a las demás personas del conocimiento de su vida personal, es decir, de sus sentimientos y comportamientos. Una persona tiene el derecho a controlar cuándo y quién accede a diferentes aspectos de su vida personal.

El derecho a la intimidad consiste en una especie de barrera o cerca que defiende la autonomía del individuo humano frente a los demás y, sobre todo, frente a las posibles injerencias indebidas de los poderes públicos, sus órganos y sus agentes.

HERRAMIENTA MODERNA Y FUTURISTA

En virtud de todo lo examinado, lo planteado en el artículo 44 de la nueva Constitución dominicana sobre el derecho a la intimidad y el honor personal, la convierten en una herramienta moderna y futurista, sobretodo cuando indica que toda persona tiene derecho a la intimidad y que se garantiza el respeto y la no injerencia en la vida privada, familiar, el domicilio y la correspondencia del individuo. Se reconoce el derecho al honor, al buen nombre y a la propia imagen.

OTROS DERECHOS CONSAGRADOS

Dentro de la misma sección figura un articulado que complementa este derecho, consagrando otros derechos igualmente fundamentales como son el derecho a la vida: artículo 37, derecho a la dignidad humana: artículo 38, derecho a la igualdad: artículo 39, el derecho a la libertad y la seguridad personal consagrada en el artículo 40 y la prohibición expresa de la esclavitud en el artículo 41.

Hay otros dos artículos de primerísima importancia que completan esta sección, el 42 relativo al derecho a la integridad personal y el 43 sobre el derecho al libre desarrollo de la personalidad.

SOBRE LA PENA DE MUERTE

Viendo detalladamente estos artículos logramos una mejor visión de conjunto sobre estos derechos comenzando con el artículo 37 sobre el derecho a la vida, donde se indica que el derecho a la vida es inviolable desde la concepción hasta la muerte.

No podrá establecerse, pronunciarse ni aplicarse, en ningún caso, la pena de muerte y el artículo 38 sobre la Dignidad Humana donde se indica que el Estado se fundamenta en el respeto a la dignidad de la persona y se organiza para la protección real y efectiva de los derechos fundamentales que le son inherentes. La dignidad del ser humano es sagrada, innata e inviolable; su respeto y protección constituyen una responsabilidad esencial de los poderes públicos.

Más abajo está el artículo 39 sobre el derecho a la igualdad donde se indica que todas las personas nacen libres e iguales ante la ley, reciben la misma protección y trato de las instituciones, autoridades y demás personas y gozan de los mismos derechos, libertades y oportunidades, sin ninguna discriminación por razones de género, color, edad, discapacidad, nacionalidad, vínculos familiares, lengua, religión, opinión política o filosófica, condición social o personal.

Este artículo contiene cinco numerales en el primero de los cuales se plantea que "La República condena todo privilegio y situación que tienda a quebrantar la igualdad de las dominicanas y los dominicanos, entre quienes no deben existir otras diferencias que las que resulten de sus talentos o de sus virtudes" y el numeral segundo que indica que "Ninguna entidad de la República puede conceder títulos de nobleza ni distinciones hereditarias".

El numeral tres dice que "el Estado debe promover las condiciones jurídicas y administrativas para que la igualdad sea real y efectiva y adoptará medidas para prevenir y combatir la discriminación, la marginalidad, la vulnerabilidad y la exclusión; mientras que el 4 dice que la mujer y el hombre son iguales ante la ley.

Se prohíbe cualquier acto que tenga como objetivo o resultado menoscabar o anular el reconocimiento, goce o ejercicio en condiciones de igualdad de los derechos fundamentales de mujeres y hombres. Se promoverán las medidas necesarias para garantizar la erradicación de las desigualdades y la discriminación de género".

Y por último el numeral cinco, donde se indica que "el Estado debe promover y garantizar la participación equilibrada de mujeres y hombres en las candidaturas a los cargos de elección popular para las instancias de dirección y decisión en el ámbito público, en la administración de justicia y en los organismos de control del Estado.

SOBRE LIBERTAD Y SEGURIDAD PERSONAl

Ahora podemos pasar al artículo 40 sobre el derecho a la libertad y seguridad personal, donde se indica que "toda persona tiene derecho a la libertad y seguridad personal".

El artículo 40 tiene 17 numerales, en el primero de los cuales se indica que "nadie podrá ser reducido a prisión o cohibido de su libertad sin orden motivada y escrita de juez competente, salvo el caso de flagrante delito; y el numeral segundo que dice que "toda autoridad que ejecute medidas privativas de libertad está obligada a Identificarse".

El numeral tres indica que toda persona, al momento de su detención, será informada de sus derechos; y el 4 dice que "toda persona detenida tiene derecho a comunicarse de inmediato con sus familiares, abogado o persona de su confianza, quienes tienen el derecho a ser informados del lugar donde se encuentra la persona detenida y de los motivos de la detención".

El numeral 5 establece que "toda persona privada de su libertad será sometida a la autoridad judicial competente dentro de las cuarenta y ocho horas de su detención o puesta en libertad. La autoridad judicial competente notificará al interesado, dentro del mismo plazo, la decisión que al efecto se dictare" y el artículo 6 dice que "toda persona privada de su libertad, sin causa o sin las formalidades legales o fuera de los casos previstos por las leyes, será puesta de inmediato en libertad a requerimiento suyo o de cualquier persona".

El numeral siete dice que toda persona debe ser liberada una vez cumplida la pena impuesta o dictada una orden de libertad por la autoridad competente y el ocho señala que "nadie puede ser sometido a medidas de coerción sino por su propio hecho; y el 9 que dice que "las medidas de coerción, restrictivas de la libertad personal, tienen

Leonardo Castillo

carácter excepcional y su aplicación debe ser proporcional al peligro que tratan de resguardar".

El numeral diez indica que "no se establecerá el apremio corporal por deuda que no provenga de infracción a las leyes penales" y el once dice que "toda persona que tenga bajo su guarda a un detenido está obligada a presentarlo tan pronto se lo requiera la autoridad competente".

Para completar los numerales de este artículo tenemos el doce que indica que "queda terminantemente prohibido el traslado de cualquier detenido de un establecimiento carcelario a otro lugar sin orden escrita y motivada de autoridad competente"; mientras que el trece dice que "nadie puede ser condenado o sancionado por acciones u omisiones que en el momento de producirse no constituyan infracción penal o administrativa".

El numeral 14 dice que "nadie es penalmente responsable por el hecho de otro; y el 15 indica que "a nadie se le puede obligar a hacer lo que la ley no manda ni impedírsele lo que la ley no prohíbe. La ley es igual para todos: sólo puede ordenar lo que es justo y útil para la comunidad y no puede prohibir más que lo que le perjudica".

Hay otros dos numerales que completan el artículo 40, son el 16 que dice que "las penas privativas de libertad y las medidas de seguridad estarán orientadas hacia la reeducación y reinserción social de la persona condenada y no podrán consistir en trabajos forzados" y el 17 que dice que "en el ejercicio de la potestad sancionadora establecida por las leyes, la Administración Pública no podrá imponer sanciones que de forma directa o subsidiaria que impliquen privación de libertad".

PROHIBICION DE LA ESCLAVITUD

El artículo 41 dice que "se prohíben en todas sus formas, la esclavitud, la servidumbre, la trata y el tráfico de personas".

Mientras que el artículo 42 sobre el derecho a la integridad personal dice que "toda persona tiene derecho a que se respete su integridad física, psíquica, moral y a vivir sin violencia. Tendrá la protección del Estado en casos de amenaza, riesgo o violación de las mismas".

Este artículo 41 tiene tres numerales, el primero de los cuales indica que "ninguna persona puede ser sometida a penas, torturas o procedimientos vejatorios que impliquen la pérdida o disminución de su salud, o de su integridad física o psíquica"; el numeral dos dice que "se condena la violencia intrafamiliar y de género en cualquiera de sus formas".

El Estado garantizará mediante ley la adopción de medidas necesarias para prevenir, sancionar y erradicar la violencia contra la mujer" y finalmente el numeral tres que dice que "nadie puede ser sometido, sin consentimiento previo, a experimentos y procedimientos que no se ajusten a las normas científicas y bioéticas internacionalmente reconocidas.

Tampoco a exámenes o procedimientos médicos, excepto cuando se encuentre en peligro su vida.

Esta sección concluye con el artículo 43 sobre el derecho al libre desarrollo de la personalidad, indicando que "toda persona tiene derecho al libre desarrollo de su personalidad, sin más limitaciones que las impuestas por el orden jurídico y los derechos de los demás.

Luego de ver en detalle cada derecho protegido por la nueva Constitución, queda claro que la necesidad de proteger estos derechos proviene de las fuerzas que los vulneran constantemente, lo que nos lleva a colegir que los esfuerzos a favor del Estado de Derecho en República Dominicana ahora pueden contar con valiosas herramientas que facilitan el logro de tan importante anhelo de la sociedad.

Leonardo Castillo

Presidente Fernández aboga por 11 nuevas leyes y la modificación de otras cinco para la aplicación de la nueva Constitución de la República.

Santo Domingo. El presidente Leonel Fernández propuso la aprobación de once nuevas leyes y la modificación de otras cinco para ajustar y adaptar la actual legislación dominicana a lo estipulado en la nueva Constitución de la República.

Con esta propuesta el mandatario inicio su discurso de rendición de cuentas ante la asamblea nacional este 27 de febrero.

Entre las nuevas leyes que necesita el país para completar el proceso de consolidación democrática postulado por la nueva carta magna figuran la ley de partidos políticos, la Ley de Administración Pública, la Ley de Participación Popular, la Ley de Procedimientos Administrativos y la Ley de Jurisdicción Contencioso – Administrativa.

También la Ley del Tribunal Constitucional y de los Procesos Constitucionales, la Ley de Expresión y de Medios de Comunicación, la Ley de

Radio, Televisión e Internet o Ley de Audiovisuales, la Ley de Clasificación de la Información y la Ley de Publicidad y la Ley de Cine.

Se trata de once nuevas leyes, las cuales, según el mandatario, contribuirán a el establecimiento de las reglas del juego democrático en nuestro país, y a la plena aplicación de una constitución que postula el Estado de Derecho, la eliminación de la arbitrariedad y el abuso de poder, la iniciativa popular en materia legislativa, la garantía al pleno ejercicio de las prerrogativas individuales, la equidad de género y la creación de un Tribunal Constitucional, que, "constituye el punto de partida de lo que debe ser el objetivo político fundamental de la República Dominicana en el siglo XXI: la consolidación de la democracia, la libertad y el desarrollo".

Pero el mandatario también propone las urgentes modificaciones de otras cinco legislaciones, entre ellas la Ley sobre el Defensor del Pueblo, el Recurso de Amparo, la Ley Electoral, la Cámara de Cuentas y la Ley de Municipios y el Distrito Nacional.

El presidente Leonel Fernández aseguró que La proclamación de esa nueva Carta Magna, sólo fue posible por la entusiasta, firme y decisiva participación de todos los integrantes de ambas cámaras legislativas, representantes de las distintas fuerzas políticas nacionales, que antepusieron el interés de la Patria por encima de otras consideraciones de carácter particular.

Añadió que la proclamación de la nueva Ley Sustantiva del Estado, que "dispone de 277 artículos, lo que pone de manifiesto, es la virtud de que dispone el pueblo dominicano y las organizaciones políticas, cívicas y religiosas que le representan, de actuar con responsabilidad, con capacidad de dialogo y de asumir compromisos con la única e inquebrantable finalidad de garantizar la paz, la concordia y la convivencia civilizada de la familia dominicana.

Leonardo Castillo

16   Capítulo trece, las elecciones

Nueva Constitución Incorpora Grandes Cambios al Sistema Electoral Dominicano

Santo Domingo.-, La unificación de las elecciones presidenciales con las congresuales y municipales, la sustitución del 16 de mayo por el tercer domingo de mayo para los comicios y la prohibición de la reelección presidencial consecutiva, son solo parte de los grandes cambios incorporados al sistema electoral dominicano con la promulgación de la nueva constitución de la República.

El pasado 16 de mayo, los dominicanos acudieron a las urnas por última vez un día 16, sucedió por coincidencia, pues desde ya las votaciones están contempladas para el tercer domingo del mes de mayo, según el artículo 209 de la nueva constitución.

Todo lo relativo al sistema electoral esta ubicado bajo el titulo X.

El capitulo "uno" sobre "Las Asambleas Electorales" incluyen desde el artículo 208 hasta el 210. El articulo 209 plantea lo siguiente: "Las asambleas electorales funcionarán en colegios electorales que serán organizados conforme a la ley".

"Los colegios electorales se abrirán cada cuatro años para elegir al Presidente y Vicepresidente de la República, a los representantes legislativos, a las autoridades municipales y a los demás funcionarios o representantes electivos. Estas elecciones se celebrarán de modo separado e independiente".

Los Síndicos y Regidores se Eligen el 3er. domingo de Febrero

La parte más importante es la siguiente: "Las elecciones de presidente, vicepresidente y representantes legislativos y parlamentarios de organismos internacionales, el tercer domingo del mes de mayo y las de las autoridades municipales, el tercer domingo del mes de febrero.

Pero antes del artículo 209 esta, como es natural el 208, donde se plantea lo siguiente: "El ejercicio del sufragio. Es un <u>derecho</u> y un <u>deber</u> de ciudadanas y ciudadanos el ejercicio del sufragio para elegir a las autoridades de gobierno y para participar en referendos".

Agrega que "El voto es personal, <u>libre</u>, directo y secreto. Nadie puede ser obligado o coaccionado, bajo ningún pretexto, en el ejercicio de su derecho al sufragio ni a revelar su voto".

De inmediato aparece un párrafo que describe quienes están exceptuados de ese derecho: "Párrafo.- No tienen derecho al sufragio los miembros de las Fuerzas Armadas y de la Policía Nacional, ni quienes hayan perdido los derechos de ciudadanía o se encuentren suspendidos en tales derechos".

La Doble Vuelta

Inmediatamente después del artículo 209 figuran tres numerales siguientes que definen el sistema de la doble vuelta.

1) Cuando en las elecciones celebradas para elegir al Presidente de la República y al Vicepresidente ninguna de las candidaturas obtenga al menos más de la mitad de los votos válidos emitidos, se efectuará una segunda elección el último domingo del mes de junio del mismo año. En esta última elección sólo participarán las dos candidaturas que hayan alcanzado el mayor número de votos, y se

considerará ganadora la candidatura que obtenga el mayor número de los votos válidos emitidos;

2) Las elecciones se celebrarán conforme a la ley y con representación de las minorías cuando haya de elegirse dos o más candidatos;

3) En los casos de convocatoria extraordinaria y referendo, las asambleas electorales se reunirán a más tardar setenta días después de la publicación de la ley de convocatoria. No podrán coincidir las elecciones de autoridades con la celebración de referendo.

El Referendo

Finalmente, este capitulo concluye con el artículo 210 donde se plantea que: "Las consultas populares mediante referendo estarán reguladas por una ley que determinará todo lo relativo a su celebración, con arreglo a las siguientes condiciones:

1) No podrán tratar sobre aprobación ni revocación de mandato de ninguna autoridad electa o designada;

2) Requerirán de previa aprobación congresual con el voto de las dos terceras partes de los presentes en cada cámara.

Las recién pasadas elecciones congresuales y municipales contempladas en la nueva Carta

Magna para el tercer domingo de mayo, consagran también el último acto de la Junta Central Electoral (JCE).

El tribunal colegiado de nueve jueces (7 hombres y dos mujeres), cambiará su configuración.

Los Órganos Electorales

Luego de las elecciones, el nuevo Senado que funcionará a partir del 16 de agosto, procederá a elegir a un tribunal electoral reducido a un presidente y cuatro miembros con sus respectivos suplentes, para un período de cuatro años.

El nuevo órgano electoral se llamará "Tribunal Superior Electoral" (TSE), creado para juzgar y decidir en forma definitiva los asuntos contenciosos electorales y resolver diferendos internos de los partidos, agrupaciones y movimientos políticos o entre estos.

También Reglamentará su propia organización, funcionamiento administrativo y financiero. El TSE estará integrado por no menos de tres y no más de cinco jueces electorales y suplentes, designados para cuatro años por el Consejo Nacional de la Magistratura, que designará al presidente.

En verdad el Capitulo Segundo de la nueva Constitución establece los Órganos Electorales planteando claras diferencias entre la Junta Central electoral (JCE) y el Tribunal Superior Electoral (TSE)

De hecho, el artículo 211 sobre la organización de las elecciones, indica que las elecciones serán organizadas, dirigidas y supervisadas por la Junta Central Electoral y las juntas electorales bajo su dependencia, las cuales tienen la responsabilidad de garantizar la libertad, transparencia, equidad y objetividad de las elecciones.

El artículo 212 dice que "La Junta Central Electoral es un órgano autónomo con personalidad jurídica e independencia técnica, administrativa, presupuestaria y financiera, cuya finalidad principal será organizar y dirigir las asambleas electorales para la celebración de elecciones y de mecanismos de participación popular establecidos por la presente Constitución y las leyes.

Tiene facultad reglamentaria en los asuntos de su competencia".

A esto le siguen cuatro párrafos el primero de los cuales dice que "la Junta Central Electoral estará integrada por un presidente y cuatro miembros y sus suplentes, elegidos por un período de cuatro años por el Senado de la República, con el voto de las dos terceras partes de los senadores presentes.

El segundo párrafo dice que "serán dependientes de la Junta Central Electoral el Registro Civil y la Cédula de Identidad y Electoral.

El tercer párrafo señala que "durante las elecciones la Junta Central Electoral asumirá la dirección y el mando de la fuerza pública, de conformidad con la ley.

Y el cuarto indica que "La Junta Central Electoral velará porque los procesos electorales se realicen con sujeción a los principios de libertad y equidad en el desarrollo de las campañas y transparencia en la utilización del financiamiento. En consecuencia, tendrá facultad para reglamentar los tiempos y límites en los gastos de campaña, así como el acceso equitativo a los medios de comunicación".

El artículo 213 dice que "en el Distrito Nacional y en cada municipio habrá una Junta Electoral con funciones administrativas y contenciosas. En materia administrativa estarán subordinadas a la Junta Central Electoral. En materia contenciosa sus decisiones son recurribles ante el Tribunal Superior Electoral, de conformidad con la ley.

El Tribunal Superior Electoral

El Tribunal Superior Electoral es el órgano competente para juzgar y decidir con carácter definitivo sobre los asuntos contenciosos electorales y estatuir sobre los diferendos que surjan a lo interno de los partidos, agrupaciones y movimientos políticos o entre éstos. Según lo establece la nueva constitución en su artículo 214. Donde se agrega que este tribunal "reglamentará, de conformidad con la ley, los procedimientos de su competencia y todo lo relativo a su organización y funcionamiento administrativo y financiero.

El artículo 215 dice que "El Tribunal estará integrado por no menos de tres y no más de cinco jueces electorales y sus suplentes, designados por un período de cuatro años por el Consejo Nacional de la Magistratura, quien indicará cuál de entre ellos ocupará la presidencia.

Los Seis Años

Las autoridades congresuales y municipales recién electas disfrutaran de una duración excepcional de seis años, como una medida transitoria que busca unificar estos comicios con la escogencia presidencial a partir del 2016.

Esto luego de lo pactado entre el presidente Leonel Fernández y el presidente del PRD Miguel Vargas.

La envergadura

El doctor Julio Cesar Castaños Guzmán, presidente de la JCE dijo en el discurso de apertura de la pasada campaña electoral que Más de 6.0 millones de ciudadanos habilitados para elegir 4,036 puestos, constituye la cifra más alta de la historia.

Estos están inscriptos en 13,250 colegios electorales situados por todo el territorio en 3,898 recintos. Las mujeres superan a los hombres por estrecho margen, 3,092,201 ciudadanas (50.56%) y 3,024, 196 varones (49.44).

Con estos datos se describe la embargadora del sistema electoral dominicano, y los retos que implican su manejo y desenvolvimiento.

32 senadores, 176 diputados, cinco diputados nacionales por acumulación de votos, 20 diputados y suplentes al Parlamento Centroamericano (PARLACEN). En el ámbito municipal, 155 Alcaldes y Vicealcaldes, 1,149 regidores y suplentes, 229 directores y subdirectores en los Distritos Municipales y 715 vocales, todos candidatos propuestos por 26 partidos nacionales y un movimiento municipal.

El funcionario electoral dijo creer "que, sin damos cuenta, los dominicanos estamos celebrando elecciones razonablemente competitivas desde hace bastante tiempo, pues cubrimos la mayoría de las características estimadas como requisitos legales y socioeconómicos fundamentales para una justa competición.

Se prohíbe la reelección presidencial consecutiva

La nueva Constitución de la República también conocida como la constitución del doctor Leonel Fernández elimina la reelección presidencial consecutiva.

Se sustituyó del artículo 49, que establecía que el Presidente de la República podía optar por un segundo y único período constitucional consecutivo, no pudiendo postularse jamás al mismo cargo, ni a la Vicepresidencia de la República, por uno que dice que: "El Poder Ejecutivo se ejerce por el o la Presidente de la República, quien será elegido cada cuatro años por voto directo y no podrá ser electo para el período constitucional siguiente".

Para finalizar la primera parte de este artículo sobre el tema electoral en la nueva constitución de la República Dominicana, hay dos párrafos de la conferencia del presidente electoral Castaños Guzmán que explican la importancia del derecho electoral para la construcción de una sociedad donde se respetan los derechos de sus ciudadanos.

Dice el magistrado que "existe una tendencia mundial para que el Derecho Electoral sea cada día más un Derecho constitucionalizado, por tratarse de una materia que afecta directamente el núcleo de la esencia constitucional, es decir la organización del Estado y los Derechos Fundamentales".

Añade que "el constitucionalismo trata de la conformación de las instituciones para preservar los valores y el espíritu de la Democracia, Libertad e Igualdad, muchas veces me gusta decir, repitiendo las ideas del Maestro Mario de la Cueva, que también constitucionalismo es: Dignidad y Justicia".

Para concluir con una idea que define la acción electora a la luz del Estado de Derechos, señalando que "las elecciones son el mecanismo para elegir las autoridades por un período determinado y para reemplazarlas en su momento, protegiendo a las naciones del peligro de la Tiranía como expresión degradada del gobierno de uno, de donde son las elecciones imprescindibles a la Democracia. Unos comicios libres, justos y transparentes preservan el derecho de elegir y ser elegidos".

Leonardo Castillo

17   Capítulo catorce, los militares

El reingreso a las fuerzas armadas está prohibido por la nueva constitución

Santo Domingo.- La constitución Dominicana del 2010 también introduce nuevas normativas a la carrera militar en el país, siendo una de las que mayor interés ha suscitado en la población la que prohíbe el reingreso a las instituciones militares.

La posibilidad de reincorporarse a las Fuerzas Armadas después de haber sido retirados de las mismas, aparentemente generó en el pasado distintos trastornos. Esto queda corregido con el artículo 253 de la nueva constitución dominicana.

"Se prohíbe el reintegro de sus miembros, con excepción de los casos en los cuales la separación o retiro haya sido realizada en violación a la Ley Orgánica de las Fuerzas Armadas, previa investigación y recomendación por el ministerio correspondiente, de conformidad con la ley".

El artículo 253, relativo a la carrera militar indica asimismo que, "el ingreso, nombramiento, ascenso, retiro y demás aspectos del régimen de carrera militar de los miembros de las Fuerzas Armadas se efectuará sin discriminación alguna, conforme a su ley orgánica y leyes complementarias".

Con esto se entiende queda resuelto el tema relativo a la reincorporación a las instituciones castrenses de individuos incluso separados por mala conducta.

Pero como el propósito de estos artículos es popularizar la constitución recién proclamada, en este punto es válida una breve digresión para hacer notar que la nueva carta magna consta de 277 artículos y 19 disposiciones transitorias, las cuales tienen sus plazos para ejecutarse.

Entre las disposiciones transitorias figura Consejo del Poder Judicial, el cual, deberá crearse dentro de 6 meses.

El Tribunal Constitucional deberá integrarse dentro de 12 meses. La SCJ mantendrá las funciones atribuidas en la Constitución al Tribunal

Constitucional y al Consejo del Poder Judicial hasta tanto se integren estas instancias.

Los actuales jueces de la SCJ que no queden en retiro por haber cumplido los 75 años de edad serán sometidos a una evaluación de desempeño por el CNM, el cual determinará su confirmación; el Consejo Superior del Ministerio Público desempeñará las funciones establecidas dentro de los 6 meses siguientes.

El Tribunal Contencioso Administrativo y Tributario existente pasará a ser el Tribunal Superior Administrativo. Los actuales integrantes de la JCE permanecerán en sus funciones hasta la conformación de los nuevos órganos creados y la designación de sus incumbentes.

Las disposiciones relativas a la JCE y al Tribunal Electoral entrarán en vigencia a partir de la nueva integración que se produzca en el período que inicia el 16 de agosto de 2010.

Los integrantes de estos órganos ejercerán hasta el 16 de agosto del 2016. Los miembros de la Cámara de Cuentas permanecerán en sus cargos hasta el 2016.

Las disposiciones relativas al referendo aprobatorio, por excepción, no son aplicables a la presente reforma constitucional. Todas las autoridades electas en las elecciones del 2010,

Leonardo Castillo

excepcionalmente, durarán hasta el 16 de agosto del 2016.

Los diputados a ser electos en el exterior serán electos, excepcionalmente, el tercer domingo de mayo del 2012 por cuatro años y las autoridades municipales en el 2010 y 2016.

En cuento a los quince títulos que se suman al preámbulo para conformar la nueva constitución, estos son: I de la Nación, del Estado, de su Gobierno y de sus principios fundamentales; II de los Derechos, Garantías y Deberes fundamentales, III del Poder Legislativo, IV del Poder Ejecutivo, V del Poder Judicial, VI del Consejo Nacional de la Magistratura, VII del Control Constitucional, VIII del Defensor del Pueblo, IX del Ordenamiento del Territorio y de la Administración Local, X del Sistema Electoral, XI del Régimen Económico y Financiero y de la Cámara de Cuentas, XII de las Fuerzas Armadas, de la Policía Nacional y de la Seguridad y Defensa, XIII de los Estados de Excepción, XIV de las Reformas Constitucionales y XV de las Disposiciones Generales y Transitorias.

Concluyendo la breve digresión antes iniciada para retornar al tema de la carrera militar en la nueva constitución, es el propio presidente Fernández, considerado como el principal promotor de la nueva carta magna de la república dominicana, quien entiende que un elemento básico del nuevo texto constitucional es que erige un muro de contención

146

frente a aquellos sectores que por las razones que fuesen intenten hacer zozobrar la democracia.

El mandatario en su discurso de proclamación de la constitución, citó el artículo 73 de la misma, que indica que "son nulos de pleno derecho los actos emanados de autoridad usurpadas, así como las acciones o decisiones de los poderes públicos, e instituciones o personas que alteren o subviertan el orden constitucional o toda decisión acordada por solicitud de las Fuerzas Armadas".

Leonel Fernández cree que la Carta Magna es un freno para que en el país no se produzcan acciones antidemocráticas en contra de regímenes elegidos por el pueblo como ocurrió en el 1963 contra el gobierno que encabezó el profesor Juan Bosch.

Ello es así, debido a que la nueva Constitución prohíbe terminantemente la participación de todo tipo de los militares y policías en actividades políticas o partidistas.

Para completar este artículo conviene un examen a grandes rasgos de la parte de la constitución que trata el tema militar y policial. Se trata del titulo doce sobre Las Fuerzas Armadas, La Policía Nacional y de la seguridad y la defensa. Este titulo contiene tres capítulos con de tres a cuatro artículos cada uno.

Como se habrá notado es uno de los títulos más breves de la carta magna, pero no menos trascendental.

El capitulo uno del titulo doce o décimo segundo, se refiere a las fuerzas armadas e indica en su primer artículo, el 252 que la misión y carácter de la institución es la defensa de la Nación por lo tanto su misión es defender la independencia y soberanía de la Nación, la integridad de sus espacios geográficos, la Constitución y las instituciones de la República.

El segundo numeral de este articulo indica que podrán, asimismo, intervenir cuando lo disponga el Presidente de la República en programas destinados a promover el desarrollo social y económico del país, mitigar situaciones de desastres y calamidad pública, concurrir en auxilio de la Policía Nacional para mantener o restablecer el orden público en casos excepcionales mientras que el tercer numeral dice que son esencialmente obedientes al poder civil, apartidistas y no tienen facultad, en ningún caso, para deliberar.

Inmediatamente debajo hay un párrafo en el cual se hace constar que "corresponde a las Fuerzas Armadas la custodia, supervisión y control de todas las armas, municiones y demás pertrechos militares, material y equipos de guerra que ingresen al país o que sean producidos por la industria nacional, con las restricciones establecidas en la ley".

Este capitulo tiene otros dos articulo el 253 y el 254 donde se indica que la carrera militar.

El ingreso, nombramiento, ascenso, retiro y demás aspectos del régimen de carrera militar de los miembros de las Fuerzas Armadas se efectuará sin discriminación alguna, conforme a su ley orgánica y leyes complementarias. Se prohíbe el reintegro de sus miembros, con excepción de los casos en los cuales la separación o retiro haya sido realizada en violación a la Ley Orgánica de las Fuerzas Armadas, previa investigación y recomendación por el ministerio correspondiente, de conformidad con la ley.

El artículo 254 sobre la competencia de la jurisdicción militar y régimen disciplinario. Dice que "la jurisdicción militar sólo tiene competencia para conocer de las infracciones militares previstas en las leyes sobre la materia.

Las Fuerzas Armadas tendrán un régimen disciplinario militar aplicable a aquellas faltas que no constituyan infracciones del régimen penal militar".

CAPÍTULO II DE LA POLICÍA NACIONAL

El artículo 255 define la misión de la Policía Nacional, señalando que "es un cuerpo armado, técnico, profesional, de naturaleza policial, bajo la autoridad del Presidente de la República, obediente al poder civil, apartidista y sin facultad, en ningún caso, para deliberar que tiene por misión salvaguardar la seguridad ciudadana; en segundo lugar prevenir y controlar los delitos; en tercer lugar perseguir e investigar las infracciones penales, bajo la dirección legal de la autoridad competente; y en cuarto lugar mantener el orden público para proteger el libre ejercicio de los derechos de las personas y la convivencia pacífica de conformidad con la Constitución y las leyes.

El artículo 256 sobre la carrera policial indica que "el ingreso, nombramiento, ascenso, retiro y demás aspectos del régimen de carrera policial de los miembros de la Policía Nacional se efectuará sin discriminación alguna, conforme a su ley orgánica y leyes complementarias".

Muy importante para mantener la coherencia de las instituciones armadas dice que "se prohíbe el reintegro de sus miembros, con excepción de los casos en los cuales el retiro o separación haya sido realizado en violación a la ley orgánica de la Policía Nacional, previa investigación y recomendación del ministerio correspondiente, de conformidad con la ley.

Y finalmente sobre la Policía Nacional, el artículo 257 sobre la competencia y régimen disciplinario dice que "la jurisdicción policial sólo tiene competencia para conocer de las infracciones policiales previstas en las leyes sobre la materia. La Policía Nacional tendrá un régimen disciplinario policial aplicable a aquellas faltas que no constituyan infracciones del régimen penal policial".

CAPÍTULO III DE LA SEGURIDAD Y DEFENSA

Los alcances del "Consejo de Seguridad y Defensa Nacional" están definidos en el articulo 258 donde se indica que el "Consejo de Seguridad y Defensa Nacional es un órgano consultivo que asesora al Presidente de la República en la formulación de las políticas y estrategias en esta materia y en cualquier asunto que el Poder Ejecutivo someta a su consideración.

El Poder Ejecutivo reglamentará su composición y funcionamiento".

El Carácter defensivo

Según el artículo 259 las Fuerzas Armadas de la República, en el desarrollo de su misión, tendrán un carácter esencialmente defensivo, sin perjuicio de lo dispuesto en el artículo 260 que indica que Constituyen objetivos de alta prioridad nacional: "combatir actividades criminales transnacionales que pongan en peligro los intereses de la República y de sus habitantes; organizar y sostener sistemas eficaces que prevengan o mitiguen daños ocasionados por desastres naturales y tecnológicos.

Y finalmente el artículo 261 sobre los cuerpos de seguridad pública o de defensa indica que "El Congreso Nacional, a solicitud del Presidente de la República, podrá disponer, cuando así lo requiera el interés nacional, la formación de cuerpos de seguridad pública o de defensa permanentes con integrantes de las Fuerzas Armadas y la Policía Nacional que estarán subordinados al ministerio o institución del ámbito de sus respectivas competencias en virtud de la ley.

El sistema de inteligencia del Estado será regulado mediante ley.

TÍTULO XIII DE LOS ESTADOS DE EXCEPCIÓN

"Se consideran estados de excepción aquellas situaciones extraordinarias que afecten gravemente la seguridad de la Nación, de las instituciones y de las personas frente a las cuales resultan insuficientes las facultades ordinarias (Articulo 262).

El Presidente de la República, con la autorización del Congreso Nacional, podrá declarar los estados de excepción en sus tres modalidades: Estado de Defensa, Estado de Conmoción Interior y Estado de Emergencia.

Artículo 263 define el Estado de Defensa indicando que "en caso de que la soberanía nacional o la integridad territorial se vean en peligro grave e inminente por agresiones armadas externas, el Poder Ejecutivo, sin perjuicio de las facultades inherentes a su cargo, podrá solicitar al Congreso Nacional la declaratoria del Estado de Defensa.

En este Estado no podrán suspenderse el derecho a la vida, según las disposiciones del artículo 37; ni el derecho a la integridad personal, según las disposiciones del artículo 42; tampoco la libertad de conciencia y de cultos, según las disposiciones del artículo 45; ni la protección a la familia, según las disposiciones del artículo 55.

Otros derechos que se mantienen a pesar del Estado de Defensa son el derecho al nombre, según las disposiciones del artículo 55, numeral 7; los derechos del niño, según las disposiciones del artículo 56; el derecho a la nacionalidad, según las disposiciones del artículo 18; los derechos de ciudadanía, según las disposiciones del artículo 22; y la prohibición de esclavitud y servidumbre, según las disposiciones del artículo 41.

Asimismo se mantiene vigente durante la declaración del Estado de Defensa el principio de legalidad y de irretroactividad, según se establece en el artículo 40, numerales 13) y 15); el derecho al reconocimiento de la personalidad jurídica, según las disposiciones de los artículos 43 y 55, numeral 7) y las garantías judiciales, procesales e institucionales indispensables para la protección de estos derechos, según las disposiciones de los artículos 69, 71 y 72.

El Estado de Conmoción Interior

Por otra parte el artículo 264 define el Estado de Conmoción Interior, indicando que este Estado podrá declararse en todo o parte del territorio nacional, en caso de grave perturbación del orden público que atente de manera inminente contra la estabilidad institucional, la seguridad del Estado o la convivencia ciudadana, y que no pueda ser conjurada mediante el uso de las atribuciones ordinarias de las autoridades.

El Estado de Emergencia

Según el artículo 265 el Estado de Emergencia podrá declararse cuando ocurran hechos distintos a los previstos en los artículos 263 y 264 que perturben o amenacen perturbar en forma grave e inminente el orden económico, social, medioambiental del país, o que constituyan calamidad pública.

En tanto el artículo 266 contiene disposiciones regulativas, indicando que los estados de excepción se someterán a las siguientes disposiciones: 1) El Presidente deberá obtener la autorización del

Congreso para declarar el estado de excepción correspondiente. Si no estuviese reunido el Congreso, el Presidente podrá declararlo, lo que conllevará convocatoria inmediata del mismo para que éste decida al respecto.

En segundo lugar: mientras permanezca el estado de excepción, el Congreso se reunirá con la plenitud de sus atribuciones y el Presidente de la República le informará de forma continua sobre las disposiciones que haya tomado y la evolución de los acontecimientos.

En tercer lugar: "todas las autoridades de carácter electivo mantienen sus atribuciones durante la vigencia de los estados de excepción.

Los estados de excepción no eximen del cumplimiento de la ley y de sus responsabilidades a las autoridades y demás servidores del Estado.

La declaratoria de los estados de excepción y los actos adoptados durante los mismos estarán sometidos al control constitucional.

En los Estados de Conmoción Interior y de Emergencia, sólo podrán suspenderse los siguientes derechos reconocidos por esta Constitución: a) Reducción a prisión, según las disposiciones del artículo 40, numeral 1); b) Privación de libertad sin causa o sin las formalidades legales, según lo dispone el artículo

40, numeral 6); c) Plazos de sometimiento a la autoridad judicial o para la puesta en libertad, establecidos en el artículo 40, numeral 5).

También podrá disponerse el traslado desde establecimientos carcelarios u otros lugares de forma distinta a lo dispuesto en el artículo 40, numeral 12) y la presentación de detenidos, establecida en el artículo 40, numeral 11) así como también lo relativo al hábeas corpus, regulado en el artículo 71.

Otros derechos que resultan afectado durante la declaración del Estado de Conmoción Interior y Emergencia son: la inviolabilidad del domicilio y de recintos privados, dispuesta en el artículo 44, numeral 1); la libertad de tránsito, dispuesta en el artículo 46; la libertad de expresión, en los términos dispuestos por el artículo 49; las libertades de asociación y de reunión, establecidas en los artículos 47 y 48; y la inviolabilidad de la correspondencia, establecida en el artículo 44, numeral 3).

Tan pronto como hayan cesado las causas que dieron lugar al estado de excepción, el Poder Ejecutivo declarará su levantamiento. El Congreso Nacional, habiendo cesado las causas que dieron lugar al estado de excepción, dispondrá su levantamiento si el Poder Ejecutivo se negare a ello.

Derechos del consumidor consagrados con precisión y detalles en la nueva Constitución

Santo Domingo.- Hay numerosos derechos individuales, colectivos y difusos que tienen vigencia, aún sin la necesidad de figurar de forma taxativa en el cuerpo constitucional, debido a que el artículo 26 de la nueva Constitución dominicana acepta las normas del Derecho Internacional y asume como propias aquellas que fueron adoptadas por los poderes públicos.

Sin embargo, en el caso de los derechos del consumidor, los constituyentes quisieron asegurarse de consagrarlos de forma muy precisa y con detalles inequívocos en el artículo 53 de la nueva carta magna de los dominicanos.

En efecto, el texto constitucional recién promulgado indica que: "Toda persona tiene derecho a disponer de bienes y servicios de calidad, a una información objetiva, veraz y oportuna sobre el contenido y las características de los productos y servicios que use o consuma, bajo las previsiones y normas establecidas por la ley".

Y de inmediato agrega que: "Las personas que resulten lesionadas o perjudicadas por bienes y servicios de mala calidad, tienen derecho a ser compensadas o indemnizadas conforme a la ley".

De este modo el texto constitucional se asegura de que los bienes y servicios ofertados al consumidor, no solo garanticen niveles de calidad razonables, sino que al mismo tiempo, la información en las etiquetas se corresponda con la verdad sobre el contenido de los productos y servicios a consumir.

Y si bien esta precisión resulta de gran importancia para garantizar los derechos del consumidor, mas allá de toda retórica, la segunda parte del párrafo único del articulo 53 busca sancionar a quien vulnere estos derechos, y mejor aun compensar a las posibles victimas indicando que: "Las personas que resulten lesionadas o

Perjudicadas por bienes y servicios de mala calidad, tienen derecho a ser compensadas o indemnizadas conforme a la ley".

Planteado de este modo, lo anterior viene a ser complementado con el establecimiento de instituciones como el tribunal constitucional, el cual se asegura de que lo establecido en la constitución cuente con los mecanismos que garanticen su aplicación plena.

También se ve reforzado, el artículo 53 sobre los derechos del consumidor, por el artículo 26 sobre Relaciones internacionales y derecho internacional, el cual mantiene vigentes derechos económicos y comerciales en virtud de acuerdos internacionales suscritos por el Estado Dominicano.

"La República Dominicana es un Estado miembro de la comunidad internacional, abierto a la cooperación y apegado a las normas del derecho internacional," para de inmediato detallar el alcance de este articulo 26, en seis numerales.

De este modo se mantienen vigentes numerosos derechos que provienen de esos acuerdos internacionales, muchos de los cuales tienen que ver con el tema económico y los derechos del consumidor.

En enero de 1978 el Congreso refrendó los Pactos sobre los derechos económicos, sociales y culturales; el de los derechos civiles y políticos; así como la Convención Americana de Derechos Humanos.

En 1982 ratificó La Convención para la eliminación de la discriminación contra la mujer; en 1983, contra la discriminación racial; en 1985, la Convención contra la tortura, penas crueles y degradantes; en 1991, los derechos a favor de las personas menores de edad; en el año 2002 el Acuerdo de Kyoto; y luego, la Convención sobre los derechos de las personas discapacitadas.

Inmediatamente después del artículo 53, los sucesivos artículos 54 sobre seguridad alimentaria, y 55 sobre los derechos de la familia, vienen a conformar un bloque de trascendental importancia en la ruta hacia el establecimiento de un verdadero Estado de Derechos en la República Dominicana.

Nueva Constitución regula buró de créditos mediante Hábeas Data

Santo Domingo,-. El desarrollo de la tecnología y los avances en el manejo, almacenamiento y utilización de data, e información acerca de los ciudadanos, ha impactado la vida en sociedad de forma muy notable, al punto de que la falta de regulación legal implicó durante las últimas décadas una carencia de serias consecuencias en perjuicio de los derechos de los ciudadanos.

El articulo 70 de la nueva constitución se refiere al "Hábeas data", una figura en virtud de la cual toda persona tiene derecho a una acción judicial para conocer de la existencia y acceder a los datos que de ella consten en registros o bancos públicos o privados y, en caso de falsedad o discriminación, exigir la suspensión, rectificación, actualización y confidencialidad de aquellos, conforme a la ley.

Los debates de los asambleistas fueron intensos durante el conocimiento de este tema, y las diferencias más sensibles fueron salvadas agregando dos líneas en las cuales se hace constar que "No podrá afectarse el secreto de las fuentes de información periodística.

Lo que queda claramente protegido en la constitución reformada, es el derecho de los ciudadanos registrados en bancos de datos públicos y privados. Sobretodo que esos registros sean veraces. Que si no son veraces sean corregidos y que el ciudadano pueda acceder a los mismos.

Las famosas fichas policiales, y los denominados burós de créditos no podrán ocultar a los ciudadanos la información que sobre si mismos contengan en sus bancos de datos. Y en los casos de información falseada o inexacta, el afectado tiene derecho constitucional a que la misma sea corregida.

Pero si bien es cierto que el Habeas data representa una novedad en la legislación constitucional dominicana, lo mejor de todo es que esta ampliación de derechos adquiere mayor relevancia en el contexto de una carta magna que mantiene y reafirma derechos protegidos por años.

El hábeas data forma parte del capítulo segundo, de las garantís a los derechos fundamentales, que incluye los artículos 68 al 73, comenzando por la garantía de los derechos fundamentales en virtud de lo cual "La Constitución garantiza la efectividad de los derechos fundamentales, a través de los mecanismos de tutela y protección, que ofrecen a la persona la posibilidad de obtener la satisfacción de sus derechos, frente a los sujetos obligados o deudores de los mismos".

El artículo 68 indica también que "Los derechos fundamentales vinculan a todos los poderes públicos, los cuales deben garantizar su efectividad en los términos establecidos por la presente constitución y la ley".

De inmediato el siguiente artículo se refiere a la tutela judicial efectiva y el debido proceso, indicando que los ciudadanos tienen derecho a una justicia accesible, oportuna y gratuita. Tiene derecho a ser oída dentro de un plazo razonable y por una jurisdicción competente, independiente e imparcial".

Para dar cumplimiento a esto la Procuraduría General de la República fortalece dos departamentos: uno de ofrecer asistencia legal gratuita a los imputados que carecen de recursos para pagar un abogado y otro para ofrecer un servicio similar gratuito a las victimas.

El numeral tres del artículo 69 mantiene como un derecho fundamental de los ciudadanos, la presunción de inocencia. Dice que los ciudadanos tienen derecho a que se presuma su inocencia y a ser tratados como tal mientras no se haya declarado su culpabilidad por sentencia irrevocable.

"Ninguna persona podrá ser juzgada dos veces por una misma causa; nadie podrá ser obligado a declarar contra sí mismo. Solo podrán ser juzgados los ciudadanos confirme a leyes preexistentes al acto que se le imputa (las leyes no son retroactivas a menos que favorezcan al imputado) y con observancia de las formalidades propias de cada juicio.

Entre todos los numerales del articulo 69, diez en total, se destaca el numeral ocho, el cual indica que: "Es nula toda prueba obtenida en violación a la ley" y el nueve, el cual indica que: "Toda sentencia puede ser recurrida de conformidad con la ley. Y agrega de inmediato: "El tribunal superior no podrá agravar la sanción impuesta cuando solo la persona condenada recurra la sentencia.

Finalmente el numeral 10 del artículo 69 concluye indicando que las normas del debido proceso se aplicarán a toda clase de actuaciones judiciales y administrativas.

El capítulo segundo de la Constitución de la República Dominicana, sobre las garantías de los derechos fundamentales incluye los artículos 71 relativos a la acción de habeas corpus, el 72 relativo a la acción de amparo y 73 que declara la "nulidad de los actos que subviertan el orden constitucional.

Toda persona privada de su libertad o amenazada de serlo, de manera ilegal, arbitraria o irrazonable, tiene derecho a una acción de hábeas corpus ante un juez o tribunal competente, por sí misma o por quien actúe en su nombre, de conformidad con la ley, para que conozca y decida, de forma sencilla, efectiva, rápida y sumaria, la legalidad de la privación o amenaza de su libertad.

Si acaso la acción de hábeas corpus no alcanza determinados derechos fundamentales; existe constitucionalmente consagrada la acción de amparo de tal forma que: "toda persona tiene derecho a una acción de amparo para reclamar ante los tribunales, por sí o por quien actúe en su nombre, la protección inmediata de sus derechos fundamentales, no protegidos por el hábeas corpus, cuando resulten vulnerados o amenazados por la acción o la omisión de toda autoridad pública o de particulares, para hacer efectivo el cumplimiento de una ley o acto administrativo, para garantizar los derechos e intereses colectivos y difusos. De conformidad con la ley, el procedimiento es preferente, sumario, oral, público, gratuito y no sujeto a formalidades".

Los asambleistas agregaron, al artículo 72 relativo a la acción de amparo, un párrafo para indicar que los actos adoptados durante los

Estados de Excepción que vulneren derechos protegidos que afecten irrazonablemente derechos suspendidos están sujetos a la acción de amparo.

Y por ultimo el Artículo 73 del capitulo segundo declara la nulidad de los actos que subviertan el orden constitucional, indicando que son nulos de pleno derecho los actos emanados de autoridad usurpada, las acciones o decisiones de los poderes públicos, instituciones o personas que alteren o subviertan el orden constitucional y toda decisión acordada por requisición de fuerza armada.

Nota al margen

Tengo una historia formidable que ilustra de forma muy practica la importancia de esto ultimo.

A finales del año dos mil once, específicamente el dos de diciembre, sufrimos mis hermanos y yo la peor perdida de nuestras historia.

Y digo mis hermanos, mercedes, Glennys, Luis y yo, porque nuestro padre murió, adquiriendo nosotros por esa vía una condición que nunca antes habíamos experimentado: nos convertimos en huérfanos de padre.

En mi caso personal, la muerte nunca me había hecho peor daño, u ocasionado peor dolor. Pues resulta que antes de morir nuestro padre le había regalado a mi hermana Glennys el techo de su casa, para que construyera allí su hogar.

Al lado de la casa hay un local comercial que tenía yo alquilado y cuyos fondos eran entregados a mi hermana Mercedes para cubrir deudas vinculada a la salud de mi padre.

Los problemas se presentaron cuando surgió un conflicto con la viuda, una señora de edad avanzada con la cual nuestro padre había convivido los últimos nueve o diez años de su vida.

De pronto recibimos una andanada de agresiones, de parte de la viuda, quien incomprensiblemente se posicionó en un ambiente de hostilidad y reclamos que generaron un brutal enfrentamiento.

La viuda se mostró opuesta a la ultima voluntad de mi padre, y expresó su tajante oposición a que mi hermana construyera en el techo de la casa, que ahora ella estaba ocupando junto a sus hijos, pero que legalmente no le corresponde, debido a que el matrimonio de la viuda y mi padre está fechado en el año 1999 y los documentos de la casa corresponden a una fecha anterior, y puesto que según la legislación vigente en República Dominicana, los bienes inmuebles que existen antes del matrimonio no entran en la comunidad de bienes a repartir.

A la viuda no participa como propietaria de ese inmueble. Pero ella estaba aferrada.

Le dijimos que ocupara de por vida el inmueble, pero ella lo quería con papeles.

Por eso inició una demanda en partición y nos citó a menos de dos meses del fallecimiento de nuestro padre. Eso de litigar en justicia, con el cuerpo aun fresco, fue muy desagradable para nosotros. Pero afortunadamente la iniciativa proviene de una fuente externa.

La viuda no tuvo hijo con nuestro padre, pero sus hijos están disfrutando nuestra herencia, mientras nosotros no podemos disfrutar de la misma.

La viuda notificó a los inquilinos de mi local comercial, alegando que ella cree que le pertenece también, y le exigió pagar el dinero en el Banco Agrícola, pero nunca a nosotros.

Los inquilinos prefirieron desocupar el local y mudarse, ahora está vacío.

Pues resulta que la marquesina de la casa fue entregada a mi madre por parte de mi padre en vida.

Mi madre montó una pequeña tienda de ropa en esa marquesina, pero en las noches le permitía a la viuda guardar su vehículo en el lugar. Mi padre y mi madre tenían muy buena relación. Mi madre vive en una casa que le construí al lado de mi casa, a una cuadra de la casa de mi padre.

A la muerte de mi padre la viuda insultó a mi madre y la echó del lugar de forma irrespetuosa y violenta.

Mis hermanas y yo tuvimos que tomar una decisión. Cerrar la tienda de mi madre para evitarle una situación desagradable con la viuda, pero sin entregarle el espacio bajo nuestro control. Así que nos reunimos, y dejamos la marquesina, o lo que es lo mismo, la tienda Novedades Miledys, cerrada con candado y llaves.

La viuda ahora tenía una situación que la mortificaba, pues no tenía donde guardar su vehículo.

Luego de dejar cerrada la tienda, hicimos una llamada telefónica a la viuda, y le dejamos un mensaje grabado para informarle que se abstuviera de usar el área cerrada.

Así que la viuda interpretó esa llamada como un acto de violencia.

Y surgió una querella penal en la cual mi propia personal figura como acusado de violencia intrafamiliar.

La idea de la viuda era recuperar por esa vía el espacio de la tienda para usarlo como marquesina para guardar su vehículo.

Que dicho sea de paso, es un vehículo de la comunidad y la mitad nos pertenece a mis hermanos y a mi.

En el departamento contra la violencia de genero de la Fiscalía de Santo Domingo Este conoció el caso una magistrada que identificaremos solo como Zunilda, una experta en derecho civil, para nuestra suerte. La magistrada concluyó luego de escuchar cuidadosamente a las partes, que no existía la alegada violencia de género, sino un conflicto civil por el tema de una herencia que debería ser conocido por los tribunales civiles competentes.

Por eso la fiscal desestimó la querella, apoyando ando su decisión en el hecho de que a su entender no se trata de un conflicto penal sino de orden civil, entre paréntesis, partición de bienes.

La fiscal entregó a ambas partes una certificación donde se hace constar que el caso fue conocido y desestimado.

Al día siguiente nos llegó una segunda querella donde se nos formulaba la misma acusación, violencia intrafamiliar y se nos invitó a pasar por ante el mismo departamento de la Fiscalía de Santo Domingo Este donde ya estuvimos.

Nos encontramos con una nueva fiscal muy hostil que estaba dispuesta a perjudicarnos, pero no sentimos ningún temor debido a que esa fiscal ya no podía conocer el caso ya conocido.

Por lo menos no legalmente, me explico, hay

un principio Universal, Non bis in idem, ninguna persona puede ser juzgada dos veces por un mismo hecho.

Pero la fiscal, una señora ya mayor de edad, ciertamente entendió el tema y lo repitió en latín, Non bis in idem, nadie puede ser juzgado dos meces por un mismo hecho, pero alegó que estos son otros hechos y conoció el caso, al final se dio cuenta de que en verdad se trataba de los mismo hechos, y también desestimó la segunda querella.

Con dos querellas desestimadas, pensé que no me volverían a llamar más por ante el ministerio publico, con los mismos alegatos. Pero fui llamado una tercera vez por la misma fiscalía de Santo Domingo Este. Ahora por ante el departamento contra violencia de genero ubicada en otro barrio del mismo sector.

Como la segunda fiscal me toco una gran discusión, ahora con la tercera la deje que iniciara el conocimiento del caso, preguntándole a la querellante el motivo de su querella.

En mi turno alegue el Non bis in idem, Nadie puede ser juzgado dos veces por un mismo hecho.

Pero la magistrado no lo entendió, y actuó como si ese departamento no estuviera atado a la ley y mas aun, atado a la constitución de la República.

En todo caso siempre supe que estaba frente a una situación de escaso peligro, debido al artículo 73 de la Constitución de la República.

Es nulo de pleno derecho todo lo que se haga en violación a la constitución y la ley.

Por eso tome el caso como un deporte, y me maneje bastante relajado ante la ignorancia y error de las fiscales que me juzgaron por segunda y tercera vez por un mismo asunto ya desestimado.

La historia completa de este caso figura en el mi libro titulado DESTRUCCION MUTUA, el capitulo titulado Arena Movediza. A veces es mejor quedarse quieto.

La razón de ser del Estado

Uno de los expertos constitucionalistas dominicanos más sesudos, el doctor Cristobal Rodríguez suele decirle a sus alumnos en la cátedra de derecho constitucional, que la vía más expedita para el colapso del estado, es la violación de los derechos humanos.

Esto se debe a que es la forma en que el Estado pierde su razón de ser.

De hecho la razón de ser del estado es la protección de los derechos de sus ciudadanos. El derecho a la vida, a la alimentación, al techo, a la libertad al progreso. En fin, a todos los derechos humanos protegidos y por proteger.

Si el estado no protege los derechos de sus ciudadanos, y pierde su razón de ser, lo más natural es que le sobrevenga el colapso. Y esta expresión se vuelve muy sabia al estudiar la mayoría de los Estados Colapsados.

Me guaría comenzar con el Haití de Jean-Claude Duvalier.

Haití nunca más ha vuelto a ser el mismo.

Aún sus adversarios tienen que reconocer sus méritos.

Dice la enciclopedia en línea wikipedia que durante el gobierno de Duvalier, el país vivió una cierta estabilidad y desarrollo económico. Las calles se mantenían limpias, la seguridad estaba garantizada, los servicios de alumbrado eléctrico no sufrían cortes, el desempleo era bajo y existía el servicio de agua potable. Por auspicio de su esposa Michèle se construyeron algunos hospitales y escuelas.

No entraremos en detalles de cómo las violaciones a los derechos humanos, en algunos casos motivadas por el acoso y la necedad de sus opositores, quienes incurrían a la calumnia y a medias verdades para acosar al presidente y su familia.

Lo cierto es que el colapso de Estado Haitiano encabezado por Duvalier coincide con violaciones sistemáticas y constantes a los derechos humanos.

Algo parecido ocurrió con Rafael Leonidas Trujillo, cuyo gobierno de 30 años construyó las bases de lo que es hoy la República Dominicana.

El orgullo nacional, la educación, las buenas costumbres, la higiene personal, el amor a la patria, el reconocimiento y rescate de los padres de la patria, los ideales patrios. En lo económico su idea de un Estado productivo, en lugar de un Estado Vampiro, vendría a consistir en la creación de industrias y fábricas que generaban para el estado unos beneficios auto gestionados que le permitían no depender de impuestos exagerados como en la actualidad.

Si Trujillo no hubiera incurrido en el grave

error de permitir la violación de los derechos humanos quizás la República Dominicana hoy sería una nación distinta, mucho más próspera y feliz.

La historia recoge el colapso sistemático de los Estados más eficientes del mundo. Ocurrió en Irak, Livia, Haití, República Dominicana y otras naciones.

En todos los casos parece innegable altos niveles de violación a los derechos humanos.

El imperio de los derechos

El mundo tiene un porvenir prometedor, porque se está moviendo hacia el imperio de los derechos humanos. Hasta hace poco, la humanidad defendía el imperio de la ley. Hoy, gracias al desarrollo del constitucionalismo, la ley tiene que ser justa y estar al servicio de los derechos humanos. De lo contrario se le declara inconstitucional y resulta anulada o no aplicable.

Los que ganaron la guerra

En teoría el mundo no debería padecer de inequidad e injusticias, debido a que los malos perdieron y Adolf Hitler murió.

De todos modos surge la pregunta de millón. Si los buenos ganaron, porque el mundo continúa sumido en la calamidad, la inequidad, los abusos e injusticias de todo tipo.

La historia la escriben los que ganan. Por tanto la versión conocida está parcializada con los que ganaron y quizás los niveles de maldad del que perdió no son tales. Sin embargo hay un hecho cierto, Su proyecto de Estado Colapsó. Si esto ocurrió es debido a que falló gravemente en algún punto Posiblemente en lo relativo a la protección de los derechos de los ciudadanos.

Los crímenes registrados con imágenes desgarradoras describen claramente violaciones contra el más sagrado de los derechos: El derecho a la vida. En consecuencia esto explica lo sucedido y confirma el criterio con el cual iniciamos este tema, la vía más expedita para el colapso del Estado, es la violación a los derechos humanos.

Sobre el autor

Luis Francisco Leonardo Castillo

(Leonardo Castillo)

Es licenciado en Comunicación Social de la Universidad Central del Este y tiene un diplomado en Derecho Constitucional de la Pontificia Universidad Católica Madre y Maestra PUCMM.

Periodista, productor de televisión, escritor, experto relacionista público de instituciones públicas y privadas, diseñador de sitios web, fanático de las (TIC) tecnología de la información y la comunicación para la educación.

Nace en Santo Domingo el 25 de agosto de 1964, hijo de los comerciantes Manuel de Jesús Leonardo y Miledys Castillo. Es el primero de cinco hermanos entre ellos Glennys, Mercedes, Luis y Edwin.

Casado con Nancy Galán García con quien ha procreado cuatro hijos, Miguel Ángel, Nancy Belén, Ángela Nikole y Manuel Felipe.

Estudió en la Escuela Los Corazones de la sección candelaria de El Seibo.

Se graduó con honores como Bachiller Técnico Comercial, mención contaduría de los liceos Domingo Faustino Sarmiento y Fabio Amable Mota ubicados en el sector de Los Mina de la ciudad de Santo Domingo.

Estudió Comunicación Social en la Universidad Central del Este, donde obtuvo el título de licenciado.

Se especializó como reportero de televisión laborando para: Noticiero TV13 en 1988-95, Noticiero TVC 2000-02, Súper Noticias del Canal 33 2002-04. Fue creador y director de Punto Noticias de la 104.5 FM radio Súper Potente conjuntamente con don José Semorille, William Pérez y Ana Jiménez.

El el área de las Relaciones Públicas se ha desempeñado como subdirector de relaciones públicas de la Lotería Nacional 1996-1998, Director de Relaciones Públicas de la Oficina de Ingenieros Supervisores de Obras del Estado 1998-2000, Asistente de prensa de la vicesindicatura del Distrito Nacional 2002-2012. Encargado de Relaciones Públicas de la Pontificia Universidad Católica Madre y Maestra recinto Santo Tomás de

Aquino 2002-04. Encargado de Relaciones Públicas de la Dirección de Control de las Infecciones de Transmisión Sexual y SIDA DIGECITSS desde 2005.

Autor de: Todos Somos Bellos, editado por la impresora Alfa y Omega en 1985 y El Éxito en las Ventas realizado conjuntamente con Ángel María Pérez Delgado, vendedor profesional y ex dirigente de la Asociación de Vendedores Profesionales de la República Dominicana.

Se especializa en la producción independiente de televisión, con programas como Desde el Estrado, especializado en temas judiciales y policiales, el cual se mantiene en el aire desde 1995 y que actualmente se difunde los sábados a las tres de la tarde por el canal 45 de Teleradioamérica.

Otras producciones que constan en su historial incluyen a: "Caso a Caso" que se difundió durante varios años por el canal 4 de CERTV y del cual existen varias ediciones circulando en un canal de youtube.

Pero como productor de televisión el mayor sueño de este autor se concentra en la televisión educativa y su potencial para realizar grandes transformaciones en los ciudadanos y en la sociedad.

Por eso ha creado la Escuela de Televisión Educativa.

Un proyecto e-learning que se encuentra en la URL etve.info y que incluye entrenamientos en el área de la producción de televisión. En ETVE hay al menos seis cursos que incluyen el dominio de la Cámara de video, la edición de video, la redacción de textos para audiovisuales, la presentación de televisión y técnica del teleprompter y otras destrezas destinadas a formar un productor de televisión capaz de realizar sin ayuda externa un audiovisual educativo completo.

En el área de la tecnología, se ha especializado en el diseño de sitios web. Es el creador de DASIWEB.NET, una entidad en línea que se dedica a ayudar a individuos y organizaciones que necesitan un portal en el internet y carecen de los recursos o los conocimientos técnicos para lograrlo.

DASIWEB ha creado más de 200 páginas, portales, plataformas e-learning, para distintas instituciones e individuos. Numerosos periódicos digitales, revistas informativas, sitios corporativos y Entornos Virtuales de Aprendizaje. Con un dominio total de esta tecnología, lo cual le permite enseñar sus técnicas en sus plataformas educativas en línea.

Leonardo Castillo

Leonardo Castillo